Stark und mutig sein!

99 Spiele, Geschichten, Impulse für den Kita-Alltag

**Mit pädagogischen Hintergrundinfos
und didaktischen Tipps**

Cornelsen

Lektorat: Mareike Kerz Lektorat & mehr, Mainz
Umschlaggestaltung: Ungermeyer, grafische Angelegenheiten, Berlin
Umschlagfotos: Titelfoto: © Vasilyev Alexandr – shutterstock.com;
Maus: © Rudmer Zwerver – shutterstock.com; Maske: © Dmitry Zimin – shutterstock.com;
Raketenkind: © Sunny studio – Fotolia.com; Eisbär: © Eric Isselée – Fotolia.com
Innenlayout & Technische Umsetzung: Thomas Krauß, krauß-verlagsservice, Niederschönenfeld

www.cornelsen.de

1. Auflage, 1. Druck 2016

© 2016 Cornelsen Verlag GmbH, Berlin

Die Links wurden bei Redaktionsschluss (27.04.2016) überprüft.
Es kann nicht ausgeschlossen werden, dass inzwischen ein anderer Inhalt angeboten wird.

Druck: H. Heenemann, Berlin

ISBN 978-3-589-15019-9

PEFC zertifiziert
Dieses Produkt stammt aus nachhaltig
bewirtschafteten Wäldern und kontrollierten
Quellen.
www.pefc.de

PEFC/04-31-1156

Kinderängste – Warum sie wichtig sind und wie man sie begleitet

99 Spiele, Geschichten & Impulse für den Kita-Alltag

Bewegungsspiele für mehr Selbstbewusstsein

Mutmach-Geschichten

Fingerspiele und Verse für das Selbstvertrauen   50

Kreativ-Impulse zur Verarbeitung von Ängsten

Kinderängste –
Warum sie wichtig sind und wie man sie begleitet

Ängste sind Bestandteil unseres Lebens

Ängste gehören zum Leben und können dann auftreten, wenn uns etwas stark verunsichert bzw. unheimlich, fremd, unkontrollierbar oder bedrohlich auf uns wirkt. Ebenso wie Freude, Wut, Trauer, Ekel oder Überraschung zählt Angst zu den primären Gefühlen. Angst löst bei uns ein unklares, unangenehmes und unsicheres Gefühl aus und fungiert als Frühwarnsystem, das uns vor vermeintlichen Gefahren schützt. Der Körper gerät in erhöhte Alarmbereitschaft und erhält in Bruchteilen einer Sekunde über das vegetative Nervensystem, den Sympathikus, das Signal, die Sinne zu schärfen, die Reaktionsbereitschaft zu erhöhen und sich auf eine Flucht- oder Kampfsituation einzustellen. Dabei erfahren wir Stress und empfinden eine starke Anspannung.

Ängste treten bei Kindern häufiger auf als bei Erwachsenen. Das rührt daher, dass Kinder ihre Welt neu erkunden, Vertrauen in diese fassen müssen und viele Erfahrungen ganz einfach erstmalig sammeln. Beim Erkunden der Umwelt erleben Kinder manchmal auch Unsicherheiten und Zweifel, woraus sich Ängste entwickeln können.

Kinder sollte man nicht präventiv vor Ängsten bewahren, sondern sie schon früh für einen natürlichen, konstruktiven Umgang damit sensibilisieren. Erfahren Kinder bei der Auseinandersetzung mit ihren Ängsten eine respektvolle und tolerante Haltung von ihren Mitmenschen, so wird es ihnen leichter fallen, ihr Angstgefühl anderen mitzuteilen und sich auf einen Verarbeitungs- und Bewältigungsprozess einzulassen.

Definitionen, Begriffsklärungen und Abgrenzungen

Das Wort „Angst" leitet sich vom lateinischen „angustiae" ab und bedeutet Beengung oder Bedrängnis. Angst tritt in Situationen auf, in denen wir uns bedroht und/oder der Situation nicht mächtig fühlen, ganz gleich, ob eine tatsächliche Gefahr besteht oder nicht. Der Körper gerät dabei in eine erhöhte Alarm- und Reaktionsbereitschaft und stellt sicher, dass wir beispielsweise aus einer Gefahrensituation flüchten oder gegen sie ankämpfen können.

Es gibt Ängste, die aufgrund ihrer Schutzfunktion hilfreich sind, uns Kraft oder den Anreiz zu Veränderungen geben. Ängste können aber auch hemmend und blockierend wirken, indem sie uns ein intensives Gefühl der Hilflosigkeit und Schwäche vermitteln.

Einfühlsame Bezugspersonen sollten Kindern besonders dann zur Seite stehen, wenn sie Ängste plagen. Ängste gehören zum Leben und treten bei jedem Menschen ganz unterschiedlich auf.

Furcht wird oft synonym zu Angst verwendet und bezeichnet das Bedrohungsgefühl vor einer wirklichen Gefahr. Aus diesem Grund wird Furcht auch „Realangst" genannt. Die Furcht bezieht sich meistens auf ein bestimmtes Objekt, einen Reiz oder eine Situation, wogegen die Angst einen eher ungerichteten Gefühlszustand definiert.

Werden Ängste zwanghaft, bestimmen den Alltag und nimmt die Dauer und Intensität der Angstzustände dermaßen zu, dass man sie nicht mehr allein bewältigen kann, so spricht man von einer **Angststörung.**

Diese kann in unterschiedlichen Formen auftreten. So versteht man unter einer **ungerichteten Angst**, beispielsweise eine Panikattacke, also eine intensive, plötzliche Angst oder eine generalisierte, dauerhafte Angststörung. Unter die **gerichteten Ängste** fallen **Phobien**. Diese extreme Angst zeigt sich häufig in einer intensiven und starken Angstreaktion. Die Betroffenen verspüren oft schon beim Gedanken an die angsterzeugende Situation oder ein bestimmtes Objekt große Ängste, z. B. Angst vor geschlossenen oder engen Räumen (Klaustrophobie) oder die soziale Phobie (Angst vor dem Umgang mit Menschen). Der Verängstigte entwickelt häufig ein sehr ausgeprägtes Vermeidungsverhalten.

Wissenschaftler meinen, dass der Phobie frühere Ängste zugrunde liegen, die nicht verarbeitet werden konnten. Man spricht hier von **verschobenen Ängsten**, welche letztlich vom Betroffenen auf ein bestimmtes Objekt projiziert werden.

Exkurs: Schüchternheit bei Kindern

Der Begriff Schüchternheit lässt sich schwer definieren. Allgemein verbindet man damit eine Charaktereigenschaft oder den Ausdruck des Temperaments eines Menschen, dessen zurückhaltendes Verhalten verschiedene Ursachen haben kann: Einerseits führt man Schüchternheit auf ein angeborenes oder durch Vorbilder erworbenes Sozialverhalten zurück. Andererseits kann Schüchternheit auch an Entwicklungsschritte der Kinder gebunden, somit nur phasenweise auftreten und dabei ganz unterschiedlich stark ausgeprägt sein.

Bereits bei Kindern zwischen 8 – 12 Monaten (man spricht hier auch von der „Acht-Monats-Angst") wird man Schüchternheit recht häufig das erste Mal in Form von „Fremdeln" feststellen. Kleinkinder brauchen besonders viel Nähe zu ihren primären Bezugspersonen und Zeit für den Vertrauensaufbau zu anderen (fremden) Personen, um diese Form von Schüchternheit überwinden zu können. Fremdeln tritt oft intensiver im Alter von 18 bis 24 Monaten auf. Zwar erkunden Kinder die Umwelt teilweise schon eigenständig, trotzdem brauchen sie die Gewissheit, dass ihre Bezugspersonen in greifbarer Nähe sind.

Mit dem Übergang vom Elternhaus in die Kita oder von der Kita in die Schule tritt Schüchternheit manchmal stärker in den Vordergrund. Sanfte Eingewöhnungsphasen helfen Kindern, langsam Vertrauen in die veränderten, neuen Situationen aufzubauen. Eine gewisse soziale Schüchternheit, beispielsweise im Umgang mit fremden Personen, ist eine ganz natürliche Reaktion, die sich bei vielen Kindern zeigt und sich auch als schützend erweisen kann.

Als Erzieherin in der Kita ist man bei der täglichen Arbeit mit den Kindern mit ganz unterschiedlichen Charaktereigenschaften oder Gefühlen konfrontiert.

Im Gruppengeschehen kann man beobachten, dass manche Kinder ihre Umwelt ungehemmt, auf aktive Weise erkunden. Diese Kinder machen sich vielleicht auch recht lautstark bemerkbar und teilen ihre Wünsche und Bedürfnisse rasch den Mitmenschen mit. Andere Kinder gehen vielleicht vorsichtiger, zaghafter und schüchterner auf Entdeckungsreise. Kontakte zu ihren Mitmenschen zu schließen und ihre Bedürfnisse zu äußern geschieht wahrscheinlich eher passiv. Das kann manchmal leider zur Folge haben, dass schüchterne Kinder in der Gruppe ein bisschen untergehen.

Obwohl Schüchternheit und Zurückhaltung in unserer schnelllebigen Gesellschaft leider oft negativ bewertet wird, birgt diese Charaktereigenschaft durchaus Vorteile. So ist beispielsweise ein zurückhaltendes, schüchternes Verhalten Fremden gegenüber angebracht und kann sich als schützende Funktion erweisen. Die Erfahrung zeigt, dass schüchterne Kinder gern in eine Beobachterrolle schlüpfen und dabei all jene Geschehnisse sehr präzise wahrnehmen, die sich rund um sie ereignen. Die Vorliebe zur Beobachtung ihrer Mitmenschen bringt mit sich, dass sie sehr oft über ein besonders hohes Einfühlungsvermögen und Feingefühl verfügen. Allerdings verlangt es auch Aufmerksamkeit von den Mitmenschen, um die Stärken zurückhaltender Kinder zu erkennen.

Ein achtsames, wertschätzendes Umfeld ist der Nährboden für die Entwicklung eines gesunden Selbstbewusstseins und Selbstvertrauens – und genau das brauchen die Jungen und Mädchen, um sich zu öffnen und zu entfalten. Sie fassen Mut, sich selbst etwas zuzutrauen, wenn ihre Mitmenschen an sie glauben, sie bestärken und sie so annehmen, wie sie sind.

Dauert Schüchternheit über einen längeren Zeitraum in einer sehr ausgeprägten Form an und hindert den Betroffenen an jeglichen sozialen Interaktionen, so spricht man auch von **sozialer Phobie** oder **Kontaktangst**. Dies stellt ein Krankheitsbild dar, das professioneller Begleitung durch Psychologen oder Psychotherapeuten bedarf.

Auslöser für kindliche Ängste

Ängste treten bei Kindern in ganz unterschiedlichen Formen auf. Zum einen gibt es Ängste, welche die Kinder während ihrer Entwicklung automatisch durchlaufen und Bestandteil einer gesunden physischen und psychischen Reifung sind. Ängste können auch durch das Einwirken der Umgebung auf das Kind entstehen und beispielsweise erziehungsbedingte Gründe haben.

Wenn **Strenge und Autorität in der Erziehung** vorherrschen, so kann auch dies einen Auslöser für Ängste darstellen, z. B. die Angst, böse oder schlecht zu sein oder etwas falsch zu machen. Wird nicht das Verhalten des Kindes reflektiert, sondern das Kind in seiner Persönlichkeit über Du-Botschaften angegriffen, wie z. B. „Du bist böse", so beeinträchtigt dies das Vertrauen der Kinder in ihre Fähigkeiten und Handlungen, in ihr positives Selbstbild. Weitere erziehungsbedingte Angstauslöser können z. B. häufige Bestrafung, Ablehnung, Liebesentzug, fehlender Halt und geringes Einfühlungsvermögen darstellen.

Zeigt der Erwachsene in Gegenwart des Kindes ein sehr ausgeprägtes Angstverhalten, das sich auf eine bestimmte Situation oder auf ein bestimmtes Objekt richtet, kann es dazu führen, dass diese **Angst vom Kind übernommen wird**. Ein klassisches Beispiel wäre die Angst vor Spinnen. Daher sollte man versuchen, den Umgang mit den eigenen Ängsten in Gegenwart der Kinder gut zu regulieren und keine übertriebene Angstreaktion zu demonstrieren.

Eine Eingewöhnung in eine neue Umgebung und der Vertrauensaufbau zu den neuen Bezugspersonen sind nicht einfach. Auch dieser Schritt kann von Ängsten begleitet sein, nämlich der Angst vor Trennung von den Eltern. **Trennungs- oder Verlustängste** sind Ängste, die vor allem junge Kinder immer wieder begleiten. Eltern stellen in den allermeisten Fällen diejenigen Bezugspersonen dar, welche den Kindern von Geburt an Sicherheit und Halt geben. Mit dem Übertritt in die Kita oder vielleicht schon zuvor durch den Besuch einer Tagesmutter oder einer Krippe erleben die Kinder oft zum ersten Mal eine echte Trennung von den Eltern. Diese Trennung birgt für die Kinder Unsicherheit: „Ich sehe, dass meine Mama oder mein Papa nun weg ist. Wann kommt sie/er wieder? Kommt sie/er überhaupt jemals zurück?" Gerade bei Trennungs- und Verlustängsten brauchen Kindern Klarheit und Überschaubarkeit über das Intervall der Trennung. Erst dann wird ein Vertrauens- und Sicherheitsaufbau erfolgen können. Darum ist es unabdingbar, dass sich alle Beteiligten genau an die zeitlichen Vereinbarungen halten.

Zu Verlustängsten kann es bei Kindern ebenso durch die Trennung der Eltern oder den Tod einer nahestehenden Person kommen. Mit Tod und Vergänglichkeit werden Kinder plötzlich hautnah konfrontiert und das kann durchaus die Angst erzeugen, vielleicht im nächsten Moment eine weitere, nahestehende Bezugsperson verlieren zu können. Dann sind Gespräche, die realitätsgetreu, jedoch trotzdem einfühlsam sind, besonders wichtig. Es müssen nicht detailgetreue Fakten über den Tod mit dem Kind besprochen werden, jedoch sollte die Möglichkeit in einem schützenden Rahmen geboten werden, sich mit Wahrheiten, die nicht veränderbar sind, auseinanderzusetzen. Dabei sollte man Kindern behutsam bewusst machen, dass der Tod ein irreversibler Zustand ist. Individuelle Rituale sind oftmals hilfreich, um mit dem Verlust einer Bezugsperson besser umzugehen.

Im Alter von etwa drei Jahren setzt bei Kindern das **magische Denken** ein. Dieses kann bis zum sechsten Lebensjahr und darüber hinaus andauern und ebenfalls einen Auslöser für Ängste darstellen. Hexen, Gespenster, Zauberfeen und Zauberkräfte, Superhelden, der Osterhase etc. erwachen zum Leben, werden vom Kind für real gehalten und spielen von nun an im Leben des Kindes eine wichtige Rolle. In dieser Phase sind Kinder auch fest davon überzeugt, mit ihrem magischen Denken Einfluss auf die Umwelt nehmen zu können. Vielleicht kennen wir Beispiele wie diese noch aus unserer eigenen Kindheit: „Wenn ich nur jede zweite Treppe steige, kann mich das Krokodil nicht schnappen …"

Findet man auf magische Ängste gemeinsam mit dem Kind „magische" Lösungs- und Bewältigungsstrategien, so fühlen sich Kinder ernst genommen und dies kann eine schnelle Entspannung der angstbesetzten Situation herbeiführen. Mit dem magischen Denken der Kinder sind aber nicht nur Ängste verbunden. Zauberkräfte, imaginäre Freunde oder der Glaube an Glücksbringer und Talismane zeigen den Kindern auch Möglichkeiten auf, um Herausforderungen des Alltags mit einer positiven und siegessicheren Grundeinstellung anzupacken.

Im Laufe ihrer Entwicklung speichern Kinder Erinnerungen ab, die sie entweder mit angenehmen oder mit unangenehmen Gefühlen verbinden und dies somit zu (Vor-)Freude oder Angst führen kann, z. B. Angst vor dem Arztbesuch, eine Form von Angst mit materiellem, rationalem bzw. realem Hintergrund, die Angst vor einer „echten" Gefahr.

Im Gegensatz zu **den realen, rationalen Ängsten** existieren **emotionale, irrationale Ängste vorwiegend** im Kopf, sind häufig an nichts Konkretes gebunden und haben oft keinen greifbaren Auslöser. Darunter fallen die typischen Kinderängste, wie die Angst vor dunklen Räumen, die Angst vor Fremden oder Einbrechern, oder die Angst vor Wasser etc. Obwohl irrationale Ängste nicht klar eingrenzbar sind, haben sie den Vorteil, dass sie „nur" im Kopf existieren. Da der Verängstigte häufig jedoch nicht konkret ausdrücken kann, was genau die Ursache für seine Angst ist, sollte man mit sehr viel Feingefühl vorgehen und dem Kind vorrangig versichern, dass es mit seiner Angst nicht allein gelassen wird.

Die Angst vor dunklen Räumen kann daher kommen, dass man in der Dunkelheit orientierungslos ist und sich womöglich allein oder verlassen fühlt. Hier wäre eine langsame Gewöhnung an den dunklen Raum in Begleitung eines Erwachsenen ratsam. Hilfreich sind auch Nachtlichter oder das Offenhalten der Tür.

Die **Angst vor Fremden** und damit verbunden Zurückhaltung und Vorsicht kann sich durchaus als schützender Faktor erweisen und diesem Verhalten sollte immer mit Akzeptanz und Toleranz begegnet werden. Kinder brauchen Zeit, um Vertrauen zu den Mitmenschen aufzubauen und sollen daher auch selbst über das Nähe- oder Distanzverhalten entscheiden dürfen!

Im Laufe der kindlichen Entwicklung, meistens verstärkt mit dem Übertritt zur Schule, können sich Ängste entwickeln, die mit der Beurteilung von Leistungen im Zusammenhang stehen. In der Schule erleben Kinder oft zum ersten Mal eine Bewertung ihrer Leistungen. Es kommt nicht selten vor, dass bei Kindern **Versagensängste** entstehen. Hier stehen Lehrer und Eltern vor der schwierigen Aufgabe, das getrübte Selbstbewusstsein der Kinder wieder aufzubauen und zu stärken.

Tipps für den Umgang mit Ängsten und Schüchternheit bei Kindern

Um Kinder im Umgang mit ihren Ängsten gut zu begleiten, sollten wir einige grundsätzliche Aspekte beachten:

→ Ängste gehören zur kindlichen Entwicklung und stellen einen natürlichen Begleiter dar. Deshalb sollte der Umgang mit Ängsten ebenso natürlich erfolgen und sie daher weder übertrieben behandelt noch ignoriert werden.

→ Kinder wollen mit all ihren Ängsten ernst genommen und verstanden werden. Es wäre respektlos, Kindern vorzuschreiben, wovor sie sich ängstigen dürfen oder wovor nicht.

→ Auch bei der Auseinandersetzung mit magischen Ängsten wollen Kinder ernst genommen werden. Durch Aussagen wie z. B. „Monster gibt es nicht!" fühlen sich Kinder unverstanden, da die magischen Gedanken und die damit verbundenen Figuren für sie real sind.

→ Stellen Sie fantasievolle Aussagen von Kindern nicht infrage. Zeigen Sie Interesse, wenn Kinder von ihren Märchen, Geschichten oder dem imaginären Freund, der ebenfalls am Frühstückstisch seinen Platz braucht, erzählen möchten.

→ Wenn sich Kinder vor etwas ganz Konkretem fürchten und sich die Konfrontation mit dem Angsterreger vermeiden lässt, geben Sie den Kindern Zeit für den Reifungsprozess, um sich mit der Situation auseinanderzusetzen bzw. anzufreunden.

→ Zeigen Sie den Kindern auch die Vorteile der Angst auf: Angst kann uns vor Gefahren schützen, sie dient als Frühwarnsystem unseres Körpers und jeder hat irgendwann einmal im Leben Angst. Angst ist also eine natürliche Schutzfunktion und sie ist ein Gefühl, genauso wie Freude, Wut oder Trauer.

→ Betonen Sie immer wieder im Dialog mit verängstigten Kindern, dass sie mit ihren Ängsten nicht allein sind. „Ich bin für dich da und höre dir zu" ist eine beruhigende Aussage, die Kinder bei der Auseinandersetzung mit ihren Ängsten bestärkt und wodurch sie sich gleichzeitig ernst genommen und unterstützt fühlen.

→ Kinder versuchen von sich aus, einen kreativen Umgang mit ihren Ängsten zu finden. Auch Daumenlutschen, die Suche nach Körperkontakt oder die Auseinandersetzung mit ihren Ängsten im Rollenspiel stellen Möglichkeiten der Angstbewältigung dar.

→ Sprechen Sie auch mit den Eltern über beobachtete Ängste. Ein gegenseitiger Erfahrungsaustausch kann für eine gute Begleitung der Kinder hilfreich sein!

Neben der Angst ist auch **Schüchternheit** bei Kindern in der Kita eine gewisse Herausforderung. Auch hier gibt es einige wesentliche Punkte, die man für einen einfühlsamen Umgang mit den Kindern berücksichtigen sollte:

→ Schüchterne Kinder sind durch ihr zurückhaltendes Verhalten nicht „schwieriger". Sie brauchen Zeit, Einfühlungsvermögen und vor allem einen sicheren Vertrauensaufbau zu ihren Bezugspersonen, um sich öffnen zu können.

→ Durch ihr ruhiges Verhalten gehen schüchterne Kinder im turbulenten Gruppengeschehen manchmal unter. Doch unterschätzen Sie die Fähigkeiten von zurückhaltenden Kindern trotz allem nicht! Nur weil jemand sein Können nicht selbstsicher vor anderen präsentieren möchte, bedeutet das nicht, dass er nichts kann!

→ Akzeptieren und tolerieren Sie es, wenn schüchterne Kinder nicht gern in den Mittelpunkt treten. Versuchen Sie andere Wege zu finden, vielleicht im kleinen Rahmen, um diesen Kindern trotzdem Aufmerksamkeit und Wertschätzung zu schenken.

→ Zurückhaltende Kinder können manchmal ihre Grenzen bezüglich Distanz- und Näheverhalten gut abschätzen und einfordern. Dieses Verhalten ist durchaus als Fähigkeit zu sehen und sollte keinesfalls kritisiert oder infrage gestellt werden.

→ Versuchen Sie schüchterne Kinder nicht zu etwas zu überreden, was ihnen unangenehm ist. Die Kinder könnten sich somit überfordert, bloßgestellt oder unverstanden fühlen.

→ Stellen Sie die Schüchternheit der Kinder nicht in den Vordergrund. Vermitteln Sie den Kindern durch eine achtsame und respektvolle Haltung, dass Sie sie so, wie sie sind, annehmen.

→ Ziehen Sie keine Vergleiche zu anderen Kindern.

→ Schüchterne Kinder haben manchmal eine hohe Beobachtungsgabe. Setzen Sie diese Stärke gezielt im Alltag ein und machen Sie den Kindern bewusst, dass dies eine tolle Fähigkeit ist!

→ Beobachten Sie genau, wann Schüchternheit und Zurückhaltung für die Kinder selbst zur großen Barriere im zwischenmenschlichen Umgang wird. Bieten Sie den Kindern einfühlsame Hilfestellungen an.

→ Tauschen Sie sich auch mit den Eltern über Ihre Beobachtungen aus. Die Eltern sind die Erziehungsprofis ihrer Kinder! Vielleicht können Sie in Erfahrung bringen, welche Rituale den Kindern zu Hause Sicherheit geben. Manches lässt sich vielleicht auch auf die Kita übertragen.

→ Sensibilisieren Sie die anderen Kinder der Gruppe für einen achtsamen und wertschätzenden Umgang mit schüchternen Spielkameraden. Herabwürdigende Aussagen verletzen und manchmal ziehen sich schüchterne Kinder dadurch erst recht zurück.

99 Spiele, Geschichten & Impulse
für den Kita-Alltag

Bewegungsspiele für mehr Selbstbewusstsein

Kinder brauchen im Alltag ganz viel Bewegung, denn dies fördert die Wahrnehmung, Konzentration, Geschicklichkeit und Ausdauer. Die Welt mit allen Sinnen aktiv zu erkunden, die Experimentier- und Bewegungsfreude auszuleben und dabei zu erfahren, dass man etwas Neues entdeckt oder vielleicht geschafft hat – dafür bleibt leider in unserer schnelllebigen Gesellschaft wenig Zeit. Doch diese Erfahrungen sind essentiell, denn über die Motorik bauen Kinder auch ein gesundes Körperbewusstsein auf, woraus sich ein gesundes Selbstbewusstsein entwickeln kann.

Selbstbewusst kann man dann durchs Leben schreiten, wenn man sich seiner Sache sicher ist. Und Sicherheit bekommt man erst, wenn Vertrauen aufgebaut wurde. Das Vertrauen in die eigenen Fähigkeiten ist eine wesentliche Grundlage für selbstsicheres Auftreten.

Gerade im Umgang mit Ängsten oder Schüchternheit ist es besonders bedeutsam, ein gesundes Selbstbewusstsein zu entwickeln. Der Glaube an sich selbst und das Vertrauen in die eigenen Fähigkeiten ermutigt die Kinder dazu, sich auch schwierigen, unsicheren, vielleicht angstbesetzten Situationen zu stellen und zu lernen, damit umzugehen.

Das folgende Kapitel hält eine bunte Auswahl an Bewegungsspielen bereit. Das ausgelassene Toben bestärkt Kinder! Dabei sammeln sie viele grobmotorische Erfahrungen mit ihrem ganzen Körper und spüren ihr gegenwärtiges Dasein. Auch erfahren sie von körperlichen Möglichkeiten und Grenzen und lernen diese wahr- und anzunehmen. Zudem stellt das Einhalten von Spielegeln für einen harmonischen Spielablauf für die Kinder eine wichtige Lernerfahrung dar.

Groß und stark wie ein Bär

Alter: 3–6 Jahre   **Gruppenstärke:** 8–10 Kinder

Das brauchen Sie: Bilder von Bären, einen Stoffbären, Decken oder große Kartons, Wesco-Teile

Lernbereich: Körperbewusstsein, Wahrnehmung, Selbstvertrauen

So geht es:

Diese Tiere sind richtig groß und stark! Sprechen Sie vorab mit den Kindern über Bären und zeigen Sie den Kindern auch einen Kuscheltier-Bären. Finden Sie gemeinsam die Eigenschaften des Tieres heraus. (Ein Bär ist groß und stark. Wenn er sich fortbewegt macht er sich mit lauten und schweren Schritten auf die Reise.) Überlegen Sie auch gemeinsam, wo die Bären wohnen und schlafen. Bauen Sie mit den Kindern aus Decken und Wesco- bzw. Schaumstoffteilen oder aus einer Kartonschachtel eine Höhle. Danach führen die Kinder die Bärenbewegungen im Bewegungsraum aus, indem sie sich ganz groß machen und mit schweren Schritten durch den Raum stapfen. Manche Bären möchten vielleicht auch einmal ganz laut brüllen und allen zeigen, dass sie große, starke Tiere sind. Wenn Gefahr droht, machen sich die Bären noch größer. Sie sind bereit, gegen die Bedrohung anzu-kämpfen und brüllen dabei noch lauter als sonst. Auf ein Signal suchen die Bären ihre Höhle auf: Wenn die Erzieherin oder später auch ein Kind „Bären ab in die Höhle!" ruft, laufen die Bären hurtig in ihre Höhle und ruhen sich dort gemeinsam aus, um wieder Kraft für das nächste Abenteuer zu tanken. Beim Signalruf „Ein neuer Tag beginnt, aufgewacht!" kommen die Bären wieder heraus und ein neues Abenteuer beginnt.

Variation:

Das Stapfen der Bären kann auch mit der Handtrommel begleitet und somit akustisch verstärkt werden. Für motorische Herausforderungen können umgedrehte Langbänke im Raum aufgestellt, die als Baumstämme dienen, über welche die Bären balancieren oder auf allen Vieren hinüberklettern.

2 Die Höhle des Löwen

Alter: 3–6 Jahre   **Gruppenstärke:** 8–10 Kinder

Das brauchen Sie: Matte, Decke

Lernbereich: Selbstbewusstsein, Körperkoordination, Ausdauer

So geht es:

Wer zeigt Mut und wagt sich in die Höhle des Löwen? Für dieses Spiel brauchen Sie viel Platz (am besten den Bewegungsraum) sowie eine Matte und eine Decke. Ein Kind schlüpft in die Rolle des Löwen und setzt sich auf die Matte. Eine Decke wird über es gelegt und stellt seine Höhle dar. Darin schläft der Löwe zunächst tief und fest. Nun möchte ein mutiges Kind aus der Gruppe den schlafenden Löwen wecken. Dazu geht es zur Matte, guckt unter die Decke und ruft: „Kleiner Löwe, wache auf und komm aus deiner Höhle!" Ist der Löwe aufgewacht, wird er zum Fänger und die anderen Kinder müssen versuchen zu entfliehen. Fängt der Löwe ein Kind, wird dieses zum nächsten schlafenden Löwen und das Fangspiel beginnt von Neuem.

3 Wer ist stärker?

Alter: 4–6 Jahre   **Gruppenstärke:** 8–10 Kinder

Das brauchen Sie: ein langes, dickes Seil

Lernbereich: Kraftdosierung, Körperkoordination, Selbstvertrauen, Teamgeist

So geht es:

Viele Kinder lieben es, ihre Kräfte zu messen. Bei diesem Spiel können sie spüren, wie viel Kraft in ihnen steckt und wer der Stärkere ist! Kleben Sie vorab am Boden des Bewegungsraumes in der Mitte mit einem Isolierband eine rote Linie auf, die den Raum optisch in zwei Hälften teilt. Danach bilden die Kinder zwei Mannschaften, wovon die erste Mannschaft in die eine Hälfte des Raumes wandert und die zweite Gruppe in die andere. Als nächstes stellen sich die Kinder der beiden Gruppen so hintereinander auf, dass sie sich hinter der roten Linie gegenüberstehen. Geben Sie den Kindern nun das Seil, an dem sich die beiden Mannschaften mit ihren Händen festhalten. Schon kann ein spannendes Seilziehen beginnen. Welche Gruppe schafft es, den Gegner zuerst über die rote Linie zu ziehen? Halten Sie auch den Sieg mit den Kindern symbolisch fest. Auf die Seite der Gewinnergruppe wird am Rand ein Glasnugget hingelegt. Bestimmt wollen die Kinder das Spiel öfter spielen. Nach Spielende wird ausgewertet, wer die meisten Glasnuggets hat und somit der Gewinner ist.

4 Achtung, Spontanlabyrinth!

Alter: 3–6 Jahre **Gruppenstärke:** 8–10 Kinder

Das brauchen Sie: Zeitungspapierstreifen

Lernbereich: Körperkoordination, Flexibilität, Orientierungssinn, Reaktionsfähigkeit

So geht es:

Mit folgender Übung können die Kinder auf spielerische Weise Selbstbewusstsein entwickeln, um neue Richtungen und Wege zu entdecken und flexibel zu sein. Spielen Sie das Spiel in einem großen Raum (am besten im Bewegungsraum). Aus der Gruppe werden zwei Kinder gewählt, die nach der Reihe Zeitungspapierstreifen kreuz und quer am Boden auflegen. Zunehmend entsteht ein richtiges Labyrinth, das so manche Wege verbaut und andere vielleicht eröffnet. Die anderen Kinder gehen im Raum herum. Immer wieder legen die beiden Kinder ein Blatt auf den Boden. Sobald man zu einem gelangt, ist ein Richtungswechsel erforderlich. Es darf nicht auf- oder über das Zeitungspapier gestiegen werden. Um die Bewegungsmuster abwechslungsreich zu gestalten, können die Kinder zwischen den Papierstreifen hüpfen, achtsam laufen oder kriechen …

5 Angsthasen

Alter: 4–6 Jahre **Gruppenstärke:** 8–10 Kinder

Das brauchen Sie: Handtrommel

Lernbereich: Konzentration, Geschicklichkeit, Selbstbewusstsein

So geht es:

Für dieses Spiel werden die eine Hälfte der Spielteilnehmer zu Angsthasen bestimmt und die anderen Kinder zu einem schützenden Unterschlupf. Die Angsthasen hüpfen vorerst zum Trommelspiel durch den Raum. Die anderen Kinder bieten Unterschlupf und stellen sich breitbeinig im Raum auf. Fällt das Signal „Angsthasen aufgepasst!", versuchen die Angsthasen, sich rasch zwischen die Beine eines Kindes hinzulegen.

Variation:

Möchte man das Spiel mit Ausscheiden spielen, werden einfach mehr Angsthasen als der schützende Unterschlupf bestimmt oder es scheidet ganz einfach jener Hase aus, der am langsamsten einen Unterschlupf findet.

 ## 6 Hexenfußball

Alter: 3–6 Jahre   **Gruppenstärke:** 6 Kinder

Das brauchen Sie: vier Handfeger, zwei Matten, Ball

Lernbereich: Geschicklichkeit, Körperkoordination, Teamgeist

So geht es:

Mit einfachen Requisiten kann man einem gewöhnlichen Fußballspiel magischen Zauber verleihen. Legen Sie vorerst an beiden Enden des Bewegungsraumes je eine Matte auf. Diese dienen als Tore. Als nächstes bilden sechs Kinder zwei Mannschaften, die gegeneinander Hexenfußball spielen. Davon nehmen zwei Kinder die Rolle des Torschützen ein und versuchen den Ball mit ihren Händen oder Füßen vor dem Tor zu stoppen. Die anderen Kinder erhalten je einen Handbesen, denn bei diesem besonderen Fußballspiel können sie den Ball zwar mit ihren Füßen zum Tor bewegen, aber das Tor wird ausschließlich mit dem Hexenbesen (Handfeger) geschossen.

 ## 7 Laserstrahl

Alter: 4–6 Jahre   **Gruppenstärke:** 3–4 Kinder

Das brauchen Sie: Wollknäuel

Lernbereich: Achtsamkeit, Gleichgewicht, Geschicklichkeit, Körperkoordination

So geht es:

Spannen Sie in einem Raum oder in einem Bereich des Raumes, der möglichst viel Bewegungsfreiraum bietet, kreuz und quer Wollfäden aus einem Wollknäuel. Achten Sie darauf, dass Zwischenräume frei bleiben, durch die

die Kinder später krabbeln oder steigen können. Diese gespannten Wollknäuel verwandeln sich nun in gefährliche Laserstrahlen. Die Kinder versuchen, zwischen Laserstrahlen hindurch zu krabbeln oder zu steigen,
ohne diese zu berühren.

8 Feuerdrache unterwegs!

Alter: 4–6 Jahre   **Gruppenstärke:** 8–10 Kinder

Das brauchen Sie: roten oder gelben Gymnastikball, gelbe oder rote Krepppapierstreifen, Klebeband, Schere

Lernbereich: Konzentration, Geschicklichkeit, Selbstvertrauen

So geht es:

Bereiten Sie im Vorfeld eine Feuerkugel vor. Bringen Sie dafür auf einem
roten oder gelben Gymnastikball mit Klebeband die Enden von etwa 80 cm
langen, roten und gelben Krepppapierstreifen rundum an. Nun wird ein Kind
aus der Gruppe gewählt, das den Feuerdrachen mit der Feuerkugel darstellt. Die anderen Kinder laufen im Raum herum. Der Feuerdrache rollt nun
immer wieder seine Kugel mitten im Raum aus. Wird jemand von dem ge-
fährlichen Feuer berührt, scheidet er aus. Der Gewinner des Spiels wird
zum nächsten Feuerdrachen gekürt.

9 Schnapp das Minimonster!

Alter: 4–6 Jahre   **Gruppenstärke:** 3–4 Kinder

Das brauchen Sie: Wäscheklammern, Pappe, Stifte, doppelseitiges Klebeband

Lernbereich: Geschicklichkeit, Schnelligkeit, Ausdauer

So geht es:

Diese süßen Minimonster will jeder haben! Lassen Sie die Kinder zunächst
auf einem kleinen Pappstück (ca. 5 × 5 cm) ein kleines Minimonster mit
Fasermalern oder Buntstiften aufmalen. Danach kleben Sie es mit doppel-
seitigem Klebeband mit der Rückseite an einer Wäscheklammer fest. Die
Kinder heften sich die Klammer mit ihrem Minimonster an den Ärmel ihres
T-Shirts.

Nun beginnt das lustige Monster-Schnapp-Spiel. Die Kinder laufen im Raum herum und versuchen, das Minimonster der anderen zu erwischen. Wer die meisten Minimonster gesammelt hat, ist der Sieger.

10 Starke Bewegungsmuster

Alter: 4–6 Jahre   **Gruppenstärke:** 8–10 Kinder

Das brauchen Sie: Schellenkranz, Triangel, Handtrommel, Klanghölzer

Lernbereich: kreative Bewegung, Gedächtnis, Reaktion

So geht es:

Hüpfen, stampfen, laufen – das sind Bewegungsmuster, die viel Kraft erfordern. Sprechen Sie vorab mit den Kindern über diese drei Bewegungsmuster und lassen Sie sie anschließend frei experimentieren. Ordnen Sie danach gemeinsam die Fortbewegungsarten bestimmten Instrumenten zu, z. B. Handtrommel für Stampfen, Klanghölzer für Laufen, Triangel für Hüpfen. Der Schellenkranz bedeutet: Ruhepause zum Durchatmen und Entspannen. Wurden die Signale ausgemacht, verteilen sich die Kinder im Raum, hören genau hin, welches Instrument erklingt und führen die passenden Bewegungen aus.

11 Faulenzer

Alter: 4–6 Jahre   **Gruppenstärke:** 2–6 Kinder

Das brauchen Sie: drei Decken

Lernbereich: bewusste Entspannung, Körperwahrnehmung, Kraftdosierung

So geht es:

Manchmal ist es richtig angenehm, bewusst auf der „faulen Haut" zu liegen, denn so kann man herrlich entspannen. Die Kinder bilden Paare. Ein Kind legt sich mit dem Rücken auf die Decke. Das andere Kind nimmt die Decke an einem Ende und zieht das Kind quer durch den Raum. Dabei zeigt das ziehende Kind, wie viel Kraft in ihm steckt, und das andere kann sich fallen lassen und seine Reise genießen. Nach einiger Zeit werden die Rollen getauscht.

12) Marionettenpantomime

Alter: 4–6 Jahre   **Gruppenstärke:** 5–6 Kinder

Lernbereich: Körperbewusstsein, Körperspannung, Wahrnehmung

So geht es:

Klären Sie zunächst den Begriff „Marionette". (Das ist ein Püppchen, dessen Körperteile an dünne Fäden gebunden sind und diese bewegen sich so, wie sie vom Puppenspieler durch Bewegung des Kreuzes gespannt werden.) Nun wird ein Kind der Gruppe als Vorzeigemarionette bestimmt. Die anderen Kinder verwandeln sich auch in Marionetten und sehen genau zu, was die Vorzeigemarionette langsam vormacht. Anschließend versuchen sie, die Bewegung genauso nachzumachen, z.B das Bein heben oder den Kopf zur Brust senken, den Arm ausstrecken etc. Wichtig ist, dass die Bewegungen langsam und bewusst ausgeführt werden.

13) Auf und ab – so spielt das Leben!

Alter: 4–6 Jahre   **Gruppenstärke:** 3–4 Kinder

Das brauchen Sie: Fotos von Sonne, Blitz, Regenbogen, Felsbrocken, fliegender Vogel, Rakete, Regenschauer, Maulwurf, Delfin

Lernbereich: Konzentration, Selbstbewusstsein, Gefühlzustände erkennen, ausdrücken und annehmen

So geht es:

Die Kinder sitzen im Kreis. Sprechen Sie gemeinsam über unterschiedliche Gefühlslagen. Welche Gefühle gibt es und wie kann man sie beschreiben? Zeigen Sie den Kindern die Symbolkarten und drücken Sie ein Gefühl mit einem Beispiel aus: „Manchmal bin ich so glücklich und fühle mich wie die strahlende Sonne!" oder „Manchmal bin ich so traurig wie ein starker Regen, der vom Himmel fällt". Diese unterschiedlichen Gefühle drücken die Kinder anschließend über zwei Bewegungsmuster aus: Bei einem „Hoch", also einem Glücksgefühl, machen sich die Kinder ganz groß und strecken die Arme ganz hoch hinauf. Bei einem „Tief" gehen sie in die Hocke und kauern sich fest zusammen. Weitere Formulierungsvorschläge wären: Ich fühle mich so wütend, wie ein Blitz, der sich im Boden entlädt; Ich fühle mich so glücklich, wie eine Rakete, die abhebt …

14 Roulette

Alter: 4–6 Jahre   **Gruppenstärke:** 8–10 Spieler

Das brauchen Sie: einen Ball

Lernbereich: Geschicklichkeit, Körperkoordination, Gruppenzusammenhalt

So geht es:

Dieses besondere Roulettespiel fördert die Körperkoordination und den Gruppenzusammenhalt. Dafür stellen sich die Kinder im Kreis auf und reichen sich die Hände. Ein Ball wird am Boden in die Kreismitte gelegt. Die Kinder rollen diesen nun kreuz und quer mit ihren Füßen vom einen zum anderen. Aber Vorsicht, der Ball darf nicht aus dem Kreis hinaus rollen! Das ist gar nicht so einfach, denn die Hände der Partner werden nicht losgelassen. Konzentration und Teamgeist sind gefragt.

15 Patsch, stampf, klatsch – wer gibt den Ton an?

Alter: 5–6 Jahre   **Gruppenstärke:** 3–4 Kinder

Lernbereich: Körperkoordination, Gedächtnis, Selbstbewusstsein

So geht es:

Bei diesem Spiel stellen sich die Kinder im Kreis auf. Ein Kind beginnt und gibt der Reihe nach Laute mithilfe des eigenen Körpers von sich: So patscht es beispielsweise zuerst auf die Oberschenkel, stampft danach mit den Beinen und klatscht zuletzt in die Hände. Die anderen Kinder machen im selben Ablauf mit und merken sich die Reihenfolge. Diese Abfolge wird mehrmals wiederholt. Danach zwinkert der Tonangeber einem anderen Kind zu, welches nun seine Rolle übernimmt und die Reihenfolge beliebig abändert, z. B. stampf, klatsch, patsch. Nun versuchen die Kinder den neuen Rhythmus nach- bzw. mitzumachen. Diese Übung fordert besonders viel Konzentration von den Kindern und sie machen dabei die Erfahrung, dass sie einmal in die Rolle des Tonangebers schlüpfen und einmal einem vorgegebenen Rhythmus folgen – eine Erkenntnis, die sich auch aufs Leben übertragen lässt.

Variation:

Man könnte auch noch andere, lustige Bewegungsmuster einbauen, wie z. B. mit der Zunge schnalzen, hinter dem Rücken klatschen, auf den Po oder die Fußsohlen patschen, auf einem Bein stehen … Der Kreativität sind keine Grenzen gesetzt.

16 Die Bewegungsschatzkiste

Alter: 4–6 Jahre   **Gruppenstärke:** 3–4 Kinder

Das brauchen Sie: eine Schatzkiste oder eine Schuhkartonschachtel, Bilder mit Symbolen von unterschiedlichen Bewegungsmustern

Lernbereich: Mut zu unterschiedlicher Bewegung, Körperwahrnehmung, Selbstbewusstsein

So geht es:

Stellen Sie den Kindern eine Kiste bereit. In diese legen Sie vorab einige Bilder, die als Symbole für unterschiedliche Bewegungsmuster stehen. Z. B. holen die Kinder aus der Schatzkiste ein Bild eines Elefanten. Das soll sie ermutigen, wie Elefanten durch den Raum zu stampfen. Ein Bild einer Balletttänzerin deutet darauf hin, auf Zehenspitzen sanft durch den Raum zu schreiten und wie eine Ballerina zu tanzen. Oder eine Abbildung eines Läufers lädt dazu ein, durch den Raum zu laufen etc. Die Kinder treffen sich zwischen den unterschiedlichen Bewegungen immer in der Mitte bei der Schatzkiste. Die Erzieherin bestimmt mit einem Spruch, wie lange die einzelnen Bewegungen andauern sollen und wann sich die Kinder bei der Schatzkiste erneut treffen: „Wir halten nun an und sehen dann, wie man sich noch bewegen kann!" Mit diesem Spiel können die Kinder gewiss sehr viele unterschiedliche Bewegungsmuster ausprobieren.

Mutmach-Geschichten

Das Vorlesen oder Erzählen von Geschichten ist in vielerlei Hinsicht sehr wertvoll und kostbar für die kindliche Entwicklung. Neben dem Aspekt der Sprachförderung erleben die Kinder ein bewusstes In-Beziehung-Treten während des Vorlesens bzw. Erzählens, ein Spüren von Nähe. Daraus entwickelt sich eine Vertrautheit zu den Bezugspersonen. Man taucht gemeinsam mit den Kindern in eine Fantasiewelt ein, Kreativität und Vorstellungskraft werden beflügelt. Zudem ermöglicht es den Kindern eine gedankliche Auszeit vom Alltag, wodurch sie bewusst zur Ruhe kommen können, ein Eintauchen in eine andere Welt, die neue Wege und Sichtweisen eröffnet. Und vielleicht entdecken die Kinder auch Lösungs- bzw. Bewältigungsstrategien für Ängste, oder ganz einfach Möglichkeiten für den Umgang mit Ängsten, die sie ins reale Leben übertragen möchten.

Geschichten haben oftmals Identifikationscharakter. Bestimmt kommen darin irgendwann Personen, Dinge oder Gewohnheiten vor, in denen man sich selber wiedererkennt. Dadurch gelangen die Kindern zu der Erkenntnis, dass sie zum Beispiel auch im Umgang mit Ängsten nicht allein sind. Im Dialog tauschen sich die Kinder über eigene Erfahrungen aus. Das hilft ihnen, gemeinsam über Strategien, Lösungen oder Handlungspläne nachzudenken.

Im Folgenden finden Sie viele Geschichten, die den Kindern Mut machen sollen, mit Angst oder Schüchternheit gelassen umzugehen. Die Geschichten zeigen auf vielfältige Weise auf, dass Angst zum Leben gehört und jeder Mensch irgendwann einmal mit diesem Thema konfrontiert wird.

Geben Sie den Kindern auch die Zeit, in einem Reflexionsgespräch über die Botschaften der Geschichten nachzudenken, und darüber, mit welchen Ängsten sie selbst schon konfrontiert waren und mit welcher Figur sie sich vielleicht identifizieren können.

⟨17⟩ Du schaffst das, Ben!

Alter: 3–6 Jahre   **Gruppenstärke:** 4–6 Kinder

Das brauchen Sie: evtl. ein Bild einer Rutsche

Lernbereich: Selbstvertrauen, Mut, Kennenlernen von Lösungsstrategien bei Ängsten

Ben ist vier Jahre und besucht seit einem Jahr die Kita. Im Garten gibt es etwas, das Ben eigentlich sehr interessieren würde: Mitten auf der Wiese steht ein großes Klettergerüst mit einer langen, roten Rutsche. Viele Kinder klettern hinauf und rutschen herunter. Ben sieht den Kindern dabei zu und oft schon hat er sich gedacht: „So gerne würde ich auch mal rutschen." Aber es gibt da ein Gefühl in seinem Bauch, das ihn daran hindert und ihn verängstigt. Schon allein beim Gedanken an die Rutsche bekommt Ben Bauchweh. Seine Erzieherin Anna bemerkt, dass Ben die rutschenden Kinder lange beobachtet. Sie geht zu Ben und fragt ihn: „Du siehst den Kindern schon lange beim Rutschen zu. Hast du vielleicht Lust, auch selbst einmal herunterzurutschen?" Ben schüttelt heftig den Kopf und sagt: „Nein, lieber nicht." Anna fragt ihn: „Bist du schon mal von einer Rutsche gerutscht?" Ben überlegt und antwortet dann zögerlich: „Nein, eigentlich nicht. Ich mag das nicht, weil es so schnell und hoch aussieht und ich mich das nicht traue!" Anna bleibt bei Ben und sie sehen den Kindern noch eine Weile gemeinsam zu, bevor sie Ben etwas vorschlägt: „Ich hätte da eine Idee, Ben. Was hältst du davon, wenn wir beide auf die Rutsche klettern und gemeinsam herunterrutschen?" Ben blickt vorerst ganz verwundert, doch dann sagt er einfach, obwohl das unangenehme Gefühl in seinem Bauch sehr stark wird: „Dann könnte ich es versuchen." Anna lächelt und nimmt Ben an der Hand. Sie lässt Ben zuerst die Sprossenleiter zur Rutsche hinauf- klettern und folgt ihm. Oben angekommen, wird das Gefühl in Bens Bauch, dieses Bauchweh- und Angstgefühl, plötzlich ganz stark. Ben blickt ver- ängstigt herunter. Er sieht, dass es ganz schön hoch ist. Anna merkt, dass Ben nun Angst hat. Sie nimmt ihn an der Hand und sagt: „Wollen wir es versuchen? Wir schaffen das gemeinsam!" Ben zögert. Er weiß nicht, ob er sich wirklich trauen soll. So gerne hätte er es aber einmal versucht. Die Lust, es auszuprobieren, wird immer stärker. Ben sagt: „Lass uns jetzt gemeinsam rutschen, Anna!" Anna setzt sich auf die Rutsche und nimmt Ben auf ihren Schoß. Gemeinsam zählen sie bis drei und los geht die Rutsch- partie! Ben lacht und kreischt gleichzeitig. Am Boden angekommen ruft Ben: „Nochmal, das hat Spaß gemacht!" Anna lacht und sie klettern noch einmal gemeinsam die Rutsche hoch. Erneut rutschen sie herunter. Beim dritten Mal sagt Ben: „Anna, ich möchte jetzt mal ganz alleine rutschen! Rutsch du zuerst und dann ich, gut?" Anna rutscht zuerst, und unten angekommen, dreht sie sich gleich zur Rutsche hin und wartet auf Ben. Sie blickt zu ihm hoch und ruft noch: „Du schaffst das, Ben!" Ben zögert nun nicht mehr. Er setzt sich auf die Rutsche und rutscht mit Schwung herunter. Ben ist glücklich. Und das komische Gefühl in seinem Bauch – es ist weg! Von diesem Tag an traute sich Ben von jeder Rutsche, sie konnte noch so hoch und groß sein, herunterzurutschen.

Weiterführung:

Regen Sie die Kinder an darüber nachzudenken, was für sie selbst eine Hürde im Alltag darstellt, die sie überwinden möchten oder überwunden haben. Und wie könnte das gelingen oder wie haben es die Kinder bereits geschafft?

18 Clara und die Angst vorm Zahnarzt

Alter: 4–6 Jahre   **Gruppenstärke:** 4–6 Kinder

Das brauchen Sie: evtl. Bilder von zahnärztlichen Untersuchungen oder von den Zahnarzt-Instrumenten

Lernbereich: Mut für die Bewältigung von Herausforderungen entwickeln, Selbstbewusstsein stärken

Clara ist ein fröhliches Mädchen. Gern macht sie Späße und lacht mit ihren Freunden. Nur eine Sache gibt es, die Clara nicht glücklich macht: Zweimal im Jahr muss sie zur Kontrolle zum Zahnarzt. Bereits beim Gedanken daran läuft Clara ein Schauer über den Rücken. Obwohl sie schöne, weiße Zähne hat, die sie morgens und abends gründlich putzt, möchte sie dem Zahnarzt auf gar keinen Fall ihre Zähne zeigen. „Den Mund mache ich bestimmt nicht auf!", ruft Clara, als ihr die Mutter am Wochenende ankündigt, dass sie am Montag den Zahnarzt besuchen werden. „Auf gar keinen Fall werde ich die Zähne herzeigen! Ich presse meine Lippen so fest ich kann zusammen!" Claras Mutter spricht ihr Mut zu und verspricht, dass sie sich nach der Zahnkontrolle im Supermarkt eine Kleinigkeit aussuchen darf. Doch auch das möchte Clara nicht. Die Angst vorm Zahnarzt ist viel größer als der Wunsch nach einer kleinen Überraschung. In dieser Nacht schläft Clara sehr schlecht und als sie am Morgen aufwacht, ist sie müde und kann gar nicht frühstücken, denn die Angst ist bis in den Bauch gewandert. Ihre Mutter merkt, dass es Clara nicht gut geht und schlägt vor, dass sie ihren Lieblings-teddy zum Zahnarzt mitnimmt. „Auch Teddy soll seine Zähne herzeigen", meint die Mutter. Das ist eine gute Idee. Clara liebt ihren Teddy und hat er ihr auch schon oft geholfen, wenn sie traurig oder ängstlich war.

Um neun Uhr sitzt Clara mit Teddy und ihrer Mutter schon im Wartezimmer der Zahnarztpraxis. Dann hört Clara jemanden ihren Namen rufen. Clara presst ihren Teddy ganz fest an sich und hält sich mit der anderen Hand an ihrer Mutter fest. Claras Herz pocht kräftig. Die Mutter sagt: „Komm, mein Schatz! Du schaffst das, du wirst sehen!" Zögerlich geht das Mädchen ins Behandlungszimmer. Dort wartet auch schon der Doktor auf sie und sagt: „Hallo Clara, schön, dass du heute gekommen bist!" Clara ist etwas unsicher, setzt sich dann aber trotzdem auf den Zahnarztstuhl. Den Teddy hält sie fest im Arm. Ihre Mutter erklärt dem Doktor, dass Teddy zuerst die Zähne zeigen möchte. Also nimmt der Zahnarzt den kleinen runden Mundspiegel und sieht sich zuerst Teddy an. Clara merkt, dass gar nichts passiert. Nach einiger Zeit sagt das Mädchen: „Ich habe auch Zähne! Ich putze die immer!" „Ooooh, das finde ich prima! Gern möchte ich mir deine schönen Zähne mal anschauen! Darf ich", fragt der Zahnarzt. Clara nickt und macht den Mund so weit auf, wie sie kann. Der Zahnarzt schaltet eine Lampe ein, deren Licht genau auf ihren Mund strahlt und sieht sich die Zähne mit dem Spiegel an. „Du hast wirklich sehr schöne Zähne, Clara! Man merkt, dass du sie ordent-lich putzt. Weiter so!", sagt der Zahnarzt. Clara fällt ein Stein vom Herzen, als sie den Zahnarztstuhl wieder verlässt. Sie verabschiedet sich vom Doktor und dieser sagt: „In einem halben Jahr sehen wir uns wieder, gut? Putze deine Zähne weiterhin so gründlich. Ach ja, und nimm deinen Teddy das nächste Mal zur Zahnkontrolle wieder mit! Auch seine Zähne möchte ich gerne wiedersehen" Clara erwidert: „Natürlich kommen wir wieder! Es war ja eigentlich gar nicht so schlimm! Und einen großen Bohrer hab ich gar nicht gesehen." „Nein, ich habe nur ganz kleine Bohrer und die haben wir heute auch gar nicht gebraucht", sagt der Zahnarzt lächelnd.

Weiterführung:

Sprechen Sie im Anschluss daran mit den Kindern über ihren letzten Zahn-arztbesuch. Wer kann sich noch erinnern – was haben die Kinder erlebt? Vielleicht kann man mithilfe von Bildern auch die Zahnarzt-Instrumente und deren Verwendung erklären.

19 Das Monster unter Alberts Bett

Alter: 3–6 Jahre   **Gruppenstärke:** 4–6 Kinder

Lernbereich: Mut, seine Ängste und Sorgen anderen mitzuteilen, Selbstbewusstsein

Albert ist vier Jahre alt. Vor kurzem ist Alberts Familie umgezogen, in ein größeres Haus. Albert hat sich gefreut, denn nun hat er ein großes Zimmer, das er nicht mehr mit seinem Bruder Leon teilen muss. Eigentlich ist sein neues Zimmer super, doch eines Abends fühlt sich Albert in seinen neuen vier Wänden gar nicht wohl: Als an diesem Abend Alberts Mutter die Gute Nacht-Geschichte fertig erzählt hat und ihm noch ein Küsschen gibt, versucht der Junge einzuschlafen, doch irgendwie will es nicht gelingen. Er hat das Gefühl, dass sich unter seinem Bett jemand versteckt hält. Als er sich im Bett dreht, hört er ein seltsames Knarren. Das macht ihm Angst. Schon einmal hat er tagsüber unter sein Bett geguckt und dort etwas Braunes, Felliges entdeckt. Doch es war so weit nach hinten gerutscht, dass er es nicht erreichen konnte. Albert denkt, dass dieses Knarren wohl von diesem seltsamen Ding unter seinem Bett kommen muss. Was ist das bloß? Vielleicht ein braunes Fellmonster? Eines mit ganz scharfen, spitzen Zähnen und gelb leuchtenden Augen? Ja, bestimmt ist es so etwas! In Alberts Kopf entstehen richtige Angstbilder von so einem gruseligen Fellmonster. Auf gar keinen Fall kann er länger in seinem Bett bleiben. Doch aufstehen und zu Mama und Papa ins Schlafzimmer laufen, das traut sich Albert schon gar nicht. Denn wer weiß, vielleicht würde ihn das Monster dann beim Bein packen! Also zieht er zunächst seine Decke bis über beide Ohren. Er versucht ganz leise zu atmen, damit das Monster ihn ja nicht hören kann. Es soll ihn auf keinen Fall bemerken. Doch die Angst wird immer größer und Albert beginnt schließlich zu weinen. So laut, dass es Mama und Papa im Schlafzimmer hören können.

Beide laufen sofort in Alberts Zimmer und setzten sich an sein Bett. Die Mutter umarmt den Jungen und fragt: „Was ist denn los, mein Schatz? Warum weinst du?" Der Junge schluchzt: „Ich habe Angst! Unter meinem Bett ist ein braunes Fellmonster versteckt!" „Was?", fragt der Vater. „Da müssen wir gleich mal genau nachsehen. Mit Monstern, da kenne ich mich aus! Warte Albert, ich hole schnell etwas, womit wir jede Ecke unter deinem Bett gut sehen können!" Albert wischt sich die Tränen aus dem Gesicht. Als der Papa wiederkommt, hat er eine Taschenlampe in der Hand. Papa legt sich auf den Boden und leuchtet unter das Bett. „Albert, du hast recht! Da ist etwas unter deinem Bett. Und ja, es sieht fellig aus, aber auch sehr kuschelig!" Albert stockt der Atem. Sein Vater holt das braune Ding unter dem Bett hervor. „Sieh mal, Albert! Das ist Bello! Du hast ihn doch gesucht. Er war unter deinem Bett!" Albert strahlt und ist erleichtert. Das braune fellige Monster war gar kein Monster, sondern sein Lieblingskuscheltier, das er schon gesucht hat. Die Mutter drückt ihren Albert ganz fest und sagt: „Na siehst du, Albert, jetzt hast du deinen Bello wieder! Er kann dein Wachhund sein, der dich vor Monstern beschützt!" Albert ist erleichtert. Er drückt Bello fest an sich und sagt: „Genau, mein Bello beschützt mich jetzt!" Mama und Papa geben Albert noch einen Kuss und wünschen ihm und Bello eine gute Nacht. Albert hält Bello ganz fest im Arm und schläft ruhig und erleichtert ein.

Weiterführung:

Vielleicht regt dieser Inhalt die Kinder dazu an, von eigenen, unter Umständen ähnlichen Erfahrungen zu berichten. Was hat ihnen zuletzt Gänsehaut bereitet und wie haben die Kinder ihre Angst überwunden?

20 Der Neue in der Kita

Alter: 3–6 Jahre   **Gruppenstärke:** 4–6 Kinder

Lernbereich: Hilfsbereitschaft und gegenseitige Akzeptanz, wertschätzender Umgang miteinander

Felix' Familie ist umgezogen und deshalb wird er eine neue Kita besuchen. Felix denkt am Morgen gleich nach dem Aufwachen an den bevorstehenden Neubeginn in der Kita Regenbogen. Er hat jedoch gemischte Gefühle: Einerseits freut er sich darauf, neue Dinge zu sehen und neue Kinder kennenzulernen, andererseits fiel es ihm nicht leicht, vom alten Kindergarten gedanklich Abschied zu nehmen. Die Mutter von Felix sieht ihm beim Frühstück an, dass er aufgeregt und ein bisschen ängstlich ist. Sie streichelt Felix über den Rücken und sagt: „Du wirst sehen, Felix, auch in der neuen Kita wird es tolle Sachen geben und bestimmt warten dort viele liebe neue Freunde auf dich. Ich werde dich am Anfang begleiten." Felix lächelt, doch so richtig freuen kann er sich nicht. Plötzlich kreisen wirre Gedanken in seinem Kopf: „Vielleicht möchte in der neuen Kita niemand mit mir spielen. Oder es gibt dort gar keine Spiele, die mir gefallen. In der alten Kita habe ich so gerne mit der Autobahn und den Bausteinen gespielt …"

Nachdem Felix sich für die Kita fertig gemacht hat, fahren sie auch schon los. Die Angst fährt leider auch mit. Als die Mutter vor der Kita parkt, schließt Felix die Augen. Die Mutter sagt zu ihm: „Felix, wir sind schon da! Guck mal, wie nett. Am Gebäude ist ein bunter, großer Regenbogen abgebildet. Das ist deine neue Kita!" Felix lässt die Augen geschlossen und ruft: „Nein, Mama, ich will da nicht hinein!" Doch die Mutter spricht Felix tröstend zu: „Komm, lass uns gemeinsam hineingehen. Wir sehen uns heute einmal alles an und ich verspreche dir, dass ich bei dir bleibe." Felix öffnet langsam die Augen und erwidert: „Okay, aber nur ganz kurz, dann fahren wir wieder heim." „In Ordnung, nur ganz kurz", sagt die Mutter. Gemeinsam betreten die beiden das Gebäude. Auch innen ist alles bunt, wie der Regenbogen. Felix mag es bunt. Auch in der alten Kita war es ganz bunt und das macht die neue Umgebung ein bisschen vertrauter. Als sie sich in der Garderobe vor der Gruppe befinden, kommt die Erzieherin Lena auch schon auf die beiden zu und sagt: „Herzlich willkommen in der Kita Regenbogen! Ich freue mich, dass ihr da seid. Und du bist bestimmt Felix!" Felix nickt schüchtern. Lena erzählt, dass sich die Kinder schon sehr auf ein neues Gruppenmitglied freuen. Lena zeigt Felix und seiner Mutter einen Platz in der Garderobe, wo sie ihre Schuhe und Jacken ablegen können.

Danach gehen alle drei gemeinsam in die Gruppe. Felix lässt die Hand seiner Mutter nicht los. Einerseits sieht er ganz gespannt, dass es da so viele tolle Spiele gibt, die ihn sehr neugierig machen. Und sofort hat er gesehen, dass es eine große Bauecke mit Riesenbausteinen gibt. Das sieht klasse aus und am liebsten würde er gleich darin spielen. Andererseits ist wieder dieses komische Gefühl da, das es nicht zulässt, dass er sich so richtig auf das Neue freuen und einlassen kann. Felix ärgert sich richtig darüber. Dann sieht er auch die anderen Kinder. Eigentlich sehen sie sehr nett aus. Ein Junge kommt gleich auf Felix zu und sagt: „Hallo, ich bin Jan. Ich spiele gerade mit dem Traktor in der Bauecke. Magst du auch mitspielen?" Felix traut sich nicht zu antworten. Doch Jan wartet nicht lange und schnappt Felix einfach an der Hand. Felix zögert, doch dann lässt er die Hand seiner Mutter los und folgt Jan. Felix und Jan spielen lange in der Bauecke und Felix ist von den vielen neuen Dingen ganz begeistert. Auch an dem neuen Spielpartner findet er Gefallen. Er unterhält sich sogar mit ihm über die Fahrzeuge in der Bauecke. Felix ist so sehr in sein Spiel vertieft, dass er gar nicht bemerkt, dass er schon eine ganze Stunde in der neuen Kita ist.
Die Mutter freut sich, dass es Felix gut geht und ihm scheinbar alles gefällt. Sie sagt zu dem Jungen: „Wollen wir morgen wieder hierher kommen, Felix?" Felix nickt etwas verlegen und lächelt. Auch Lena ist begeistert, dass Felix morgen wieder kommen möchte. Sie verspricht ihm, dass er morgen auch mit in den Garten gehen darf, denn dort bauen die Kinder gerade im

Sandkasten an einer Riesenritterburg und da brauchen sie bestimmt von Felix Verstärkung. Felix freut sich, denn auch Ritterburgen sind etwas, das ihn besonders interessiert.

Als Felix wieder im Auto sitzt, sagt er zu seiner Mutter: „Dich nehme ich wieder mit, Mama, aber die Angst, die lasse ich morgen einfach zu Hause, denn die brauche ich in der neuen Kita gar nicht!"

Weiterführung:

Überlegen Sie mit den Kindern, welches Kind zuletzt in ihrer Gruppe neu dazugekommen ist. Wie hat sich dieses Kind gefühlt? Können sich die Kinder noch erinnern, wie die Eingewöhnungszeit in der Kita war? Was war für die Kinder hilfreich, damit sie sich bald wohl- und sicher gefühlt haben?

21 Anton und die Angst vor allem

Alter: 4–6 Jahre   **Gruppenstärke:** 4–6 Kinder

Lernbereich: Ängste akzeptieren und annehmen; Herausforderungen annehmen, die man sich selber zutraut

Anton liebt es, mit seinen Brüdern auf Entdeckungsreise zu gehen und neue Abenteuer zu erleben. Doch leider wollen ihn diese nicht immer mit dabei haben. Bevor die Jungen raus zum Spielen gehen, sagt Andreas: „Anton lassen wir lieber hier! Er ist ein richtiger Angsthase und fürchtet sich vor allem!" Anton stimmen diese Worte richtig traurig, doch leider hat sein Bruder irgendwie auch recht, denn er ist wirklich ein bisschen ängstlich. Es gibt viele Dinge, vor denen er sich fürchtet. So zum Beispiel letzte Woche, als er sich im Gegensatz zu seinen Brüdern nicht traute, im Schwimmbad vom Zwei-Meter-Brett zu springen. Anton war enttäuscht und verärgert zugleich. Er hofft darauf, seinen Brüdern einmal beweisen zu können, dass auch er mutig sein kann. Bald schon kommt jener Tag, wo Anton dieser Wunsch erfüllt wird: Eines Tages spielen die Kinder im Garten Fußball mit dem tollen neuen Ball, den sie von Opa geschenkt bekommen haben. Als der Ball zu Armin rollt, nimmt dieser alle Kraft zusammen und versucht, den Ball ins Tor zu treffen. Doch leider fliegt der Ball über das Tor hinweg und landet ausgerechnet im Garten von Frau Ullrich! Frau Ullrich ist nämlich keine freundliche Nachbarin. Immer wieder beklagt sie sich über den Lärm, den die vier aufgeweckten Buben im Garten verursachen. Und nun muss einer von ihnen zu ihr gehen und sie um den Ball bitten. Armin, Alexander und Andreas knobeln untereinander aus, wer von ihnen dreien den Ball holen soll. Anton wollen sie gar nicht fragen, weil er ja bekanntlich Angst vor allem hat. Die drei Jungs können sich nicht einig werden, wer den Ball holen soll, denn jeder von ihnen hat ein mulmiges Gefühl, wenn er an die verbitterte Nachbarin denkt.

Doch plötzlich sagt Anton: „Ich habe einen Vorschlag: Ich hole den Ball von Frau Ullrich. Ich läute bei ihr an und bitte sie höflich, mir den Ball wiederzugeben." „Du? Du traust dich doch nie etwas!", entgegnet Alexander. „Doch, ich mache das!", sagt Anton selbstsicher und macht sich auch schon auf den Weg. Kurze Zeit später kommt er zurück und hält den Ball in der Hand. Armin sagt: „Du hast dich tatsächlich getraut, Anton. Das finde ich richtig klasse!" Auch die anderen Brüder bedanken sich bei Anton dafür, dass er den Ball von der Nachbarin geholt hat. In diesem Augenblick fühlt sich Anton so richtig wohl, denn diesmal hatte er sich mehr als seine Brüder zugetraut. Das macht Anton stolz und glücklich. Bestimmt wird es in Zukunft wieder einmal eine Situation geben, wo er seinen Mut beweisen kann.

Weiterführung:

Sprechen Sie mit den Kindern darüber, wie sie den ängstlichen Anton sehen. Ist es nicht auch mutig, sich seine Ängste einzugestehen und diese vor anderen zuzugeben?

22 Der Wettstreit zwischen Donner und Blitz

Alter: 4–6 Jahre   **Gruppenstärke:** 4–6 Kinder

Das brauchen Sie: evtl. Taschenlampe, Handtrommel oder Tschinellen

Lernbereich: Angst vor dem Gewitter nehmen, Selbstbewusstsein stärken

Vor langer Zeit gab es hoch oben am Himmel einen großen Streit. Dunkle, mit Regen prall gefüllte Wolken bedeckten den blauen Himmel. Das war das Zeichen, dass bald ein kräftiges Gewitter folgen würde. Herr Blitz war schon in den Startlöchern. Er hatte sich heute extra herausgeputzt, damit man sein schönes Leuchten am Himmel gut sehen konnte. Herr Blitz war ein sehr eitler Kerl und glaubte, er sei der Allerwichtigste bei einem Gewitter. Das gefiel jedoch dem Herrn Donner gar nicht. Herr Donner war ein lauter Geselle. Überall wo er hinkam, krachte es heftig. Herrn Donners lautes Auftreten passte vielen nicht, aber am meisten hatte Herr Blitz damit zu kämpfen. Wie sehr er sich auch bemühte, alle Welt wartete immer gespannt darauf, dass nach dem Blitz endlich der Donner kam. Und so schnell wie er kam, so schnell sollte er auch wieder verschwinden. Herr Blitz konnte es gar nicht ertragen, dass Herr Donner eine so wichtige Rolle spielte. Auch wenn man sich vor ihm fürchtete, so wartete doch jeder darauf, dass er sein lautes Krachen von sich gab. Und Herr Blitz, der doch so schön und in vielen Farben leuchten konnte, hatte nur eine bedeutungslose Nebenrolle. Nein, so konnte das nicht sein! Das war doch richtig unfair! Als Herr Blitz Herrn Donner verkünden wollte, dass er sich bei diesem Gewitter doch etwas zurücknehmen und seine Lautstärke drosseln sollte, war dieser gleich so wütend, dass er um sich krachte.

Niemals würde er bei einem Gewitter freiwillig fehlen wollen. Nein, er ließ sich nicht abwimmeln, denn schließlich hatte er die wichtigste Rolle und diese wollte er natürlich lautstark erfüllen! Zwischen den beiden entfachte ein heftiger Streit. Die Gewitterwolken waren schon fast vorm Platzen. Doch Herr Blitz blieb auf seinem Standpunkt und Herr Donner auch. Dann sagte das älteste Gewitterwölkchen: „Ich sehe schon, ihr braucht Hilfe von außen. Ihr braucht einen neutralen Schiedsrichter!"

Herr Donner und Herr Blitz blickten sich ganz verwundert an und fragten, was das denn genau sei? Das Gewitterwölkchen erklärte, dass der Schieds-richter darauf achten müsste, dass sich die Beiden, Blitz und Donner, beim Gewitterschauspiel nicht in die Quere kommen. Das heißt einer beginnt und der andere folgt erst nach ein paar Sekunden. Und da der Donner immer lauter ist, wird dem Blitz der Vortritt gelassen. Die zwei Streithähne konnten sich auf diesen Vorschlag einlassen. Und siehe da, das funktionierte einwand-frei. Denn als der Blitz sein schönes Leuchten am Himmel darbot, zählte das Gewitterwölkchen langsam die Sekunden: 1, 2, 3, 4, 5. Und erst danach setzte der Donner ein. So hatte jeder für eine bestimmte Zeit seinen Auftritt und konnte zeigen, was in ihm steckte und beide erkannten, dass sowohl Herr Blitz als auch Herr Donner für ein gelungenes Gewitter wichtig waren.

Weiterführung:

Sprechen Sie mit den Kindern darüber, ob sich die Kinder schon einmal vor einem Gewitter gefürchtet haben. Verteilen Sie in einem abgedunkelten Raum die Rollen: Blitz, Donner und Sekundenzähler. Der Blitz wird mit einer Taschenlampe dargestellt, indem ein Kind mit dem Licht der Lampe zackige Bewegungen in die Dunkelheit zeichnet. Danach zählt ein weiteres Kind einige Sekunden, bis ein drittes Kind mit einer Tschinelle oder Handtrommel den Donner ankündigt. Dieses lustvolle Gewitterspiel kann bestimmt die Angst vor einem richtigen Gewitter etwas beschwichtigen.

23 Der Riese Fürchtemich

Alter: 4–6 Jahre   **Gruppenstärke:** 5–6 Kinder

Lernbereich: Angst als etwas Natürliches, zum Leben Gehörendes betrachten

Vor langer, langer Zeit lebte in den Bergen in einer großen Höhle ein Riese namens Fürchtemich. Er war so groß wie ein Hochhaus, und wenn er seine Arme nach oben streckte, konnte er mit seinen Händen schon beinahe die Wolken berühren. Seine Füße waren so lang wie eine Limousine und deshalb brauchte er Riesenspezialschuhe. Fürchtemich war auch richtig, richtig stark. Lag ihm beispielsweise ein großer Felsbrocken im Weg, so konnte er diesen mit der bloßen Faust zerdrücken, so kräftig war er. Doch trotzdem hatte Fürchtemich ein Problem: Obwohl er stark und groß war, gab es etwas, das ihm richtig Angst bereitete. So viel, dass er davon Gänsehaut bekam. Ihr denkt nun bestimmt, dass es noch größere Riesen oder Monster gab, vor welchen er sich fürchten musste. Aber da liegt ihr falsch, er fürchtete sich vor etwas ganz anderem. Fürchtemich hatte nämlich vor winzig kleinen Tieren Angst!

Eines Tages wollte Fürchtemich sich erholen und einen ruhigen Mittagsschlaf tätigen. Auf seinem Steinsofa legte er sich gemütlich hin. Er schloss die Augen und im Nu schlief er tief und fest. Dabei schnarchte er richtig laut. Das hörte sich fast so an wie ein lauter, tuckernder Traktor. Sein großer Bauch bewegte sich dabei kräftig auf und ab. Plötzlich kam ein kleiner Marienkäfer angeflogen und setzte sich mitten auf des Riesen' Bauch. Die kräftigen Auf- und Abbewegungen machten dem Käfer Spaß, also blieb er so lange, bis der Riese wach wurde. Als Fürchtemich seine Augen langsam öffnete, setzte sich der kleine Käfer auf die große Nasenspitze des Riesen und sagte: „Hallo Riese! Wie geht es dir?" Der Riese traute seinen Augen nicht. Er dachte, er hätte einen Albtraum und rieb sich die Augen ganz fest. Doch als er sie wieder öffnete, war der Marienkäfer noch immer da. Vor lauter Schreck musste der Riese kräftig niesen und der Käfer wurde dabei auf den Boden geschleudert. Schnell stand Fürchtemich auf und rannte mit lautem Angstgeschrei aus der Höhle hinaus. Auf dem Baum vor der Höhle saß ein Adler. Er hatte alles genau beobachtet und sagte: „Hallo Riese! Habe ich richtig gesehen? Du fürchtest dich doch nicht etwa vor Tieren, die tausend Mal kleiner sind als du?" Der Riese blickte den Adler verärgert an. Ihm fiel keine Ausrede ein, also sagte er: „Ja, du hast richtig gesehen. Ich habe Angst vor kleinen Tieren! Na und? Jeder hat doch irgendwann mal vor etwas Angst und ich fürchte mich eben vor kleinen Tieren!"

Der Adler sah den Riesen mit seinen scharfen Augen an und sagte: „Genau, du hast recht! Angst zu haben ist ja nichts Schlimmes. Jeder kann und darf sich vor etwas fürchten. Auch ich habe Angst vor etwas." „Ach so? Wovor denn", fragte Fürchtemich. „Ich fürchte mich vor Riesen", flüsterte der Adler. „Nanu, warum sprichst du dann mit mir", fragte der Riese. Der Adler erwiderte: „Eines Tages habe ich mich vor lauter Angst immer in einem Baum versteckt und wollte gar nicht mehr fortfliegen. Die kluge Eule hat mich beobachtet und mir den Tipp gegeben, mich meinen Ängsten zu stellen. Sie meinte, wenn ich einen Sicherheitsabstand einhalte, dann kann ich meine Angst besiegen. Und genau das mache ich! Ich komm dir nicht zu nahe, traue mich jedoch trotzdem, aus der Entfernung mit dir zu sprechen." „Das finde ich toll!", sagte Fürchtemich. „Ein wirklich guter Tipp, den sollte ich auch beherzigen."

Schon am nächsten Tag setzte der Riese sein Vorhaben um. Auch diesmal war er wieder im Wald, um frische Tannenzapfen von den Bäumen zu naschen. Und wieder raschelte das Laub zwischen seinen Füßen. Doch diesmal blieb er einfach gerade stehen und bückte sich nicht. So konnte er einen großen Sicherheitsabstand einhalten. Bald sah der Riese, was unter dem Laub hervorkam, und was das Rascheln verursachte: Ein kleiner Regenwurm suchte ein Erdloch. Als der Riese ihn sah, spürte er zwar, wie die Angst in ihm wuchs, trotzdem versuchte er, ruhig weiter zu atmen. Der Regenwurm kroch an seinen Füßen vorbei und sagte: „Hallo Riese! Ich wünsche dir einen schönen Tag!" Dem Riesen stockte der Atem, doch dann stotterte er: „Hhhhhallo, RRRRegenwurm! Ja, dddddas wünsche iiiiich ddddir auch!" Als der Regenwurm im nächsten Erdloch verschwand, atmete der Riese kräftig durch, so sehr, dass die Äste des nächsten Baumes hin und her wackelten. Nun war er richtig stolz auf sich, denn er hatte es tatsächlich geschafft, sich seinen Ängsten zu stellen.

Weiterführung:

Wie stehen die Kinder zur Angst des Riesen? Darf auch ein Riese vor etwas Angst haben?

24 Die Löwin, die sich nicht zu brüllen traute

Alter: 4–6 Jahre   **Gruppenstärke:** 4–6 Kinder

Lernbereich: Umgang mit Ängsten lernen, Ängste an- und ernst nehmen

Im Norden Afrikas, dort wo die große Trockenwüste Sahara beginnt, lebt eine Löwenfamilie mit ihren drei Jungen. Alle sind kräftige Löwenjungen, die abenteuerlustig alles erkunden, was es nur zu entdecken gibt, wenn auch anfangs etwas tollpatschig. Nomo, Nima und Naja, so heißen die drei.

Eines Tages machen sie sich schon zeitig am Morgen auf den Weg, um in die Löwenschule zu gehen. In der Löwenschule, da lernt man viele wichtige Dinge, die für das tägliche Überleben der Löwenjungen in der Wildnis wichtig sind. So lernt man z. B., wie man ganz schnell sprinten kann, ohne gleich an Kraft und Ausdauer zu verlieren. Das braucht man, um seine Beute zu jagen oder bei Gefahr zu fliehen. In der Löwenschule lernt man auch, wie man sich leise anschleichen, etwas genau beobachten oder sein Revier markieren kann. Und noch etwas sehr Wichtiges lernt man: laut zu brüllen. Aber genau diese Lektion bereitet Naja großes Kopfzerbrechen. Denn jedes Mal, wenn der Brüllchor in der Klasse beginnt, wenn alle Löwenschüler gleichzeitig brüllen, einer lauter als der andere, hält sich Naja die Ohren zu und würde am liebsten schnell davonlaufen.

Eines Abends setzt sich die Löwenmutter zu Naja, die gerade die leuchtenden Sterne am Himmel beobachtet, und fragt sie: „Na, Naja, wie geht es dir? Bist du nachdenklich?" „Ja, das bin ich", sagt Naja. „Ich kann einfach nicht verstehen, warum ich mich vor dem Löwengebrüll so fürchte. Ich bin ja selber eine Löwin. Doch leider macht es mir Angst!" Die Mutter legt tröstend die Pfote auf Najas Rücken und sagt: „Ich verstehe dich, Naja. Auch ich hatte einmal vor etwas Angst, als ich noch klein war. Ich wusste, dass die Jagd für mich eine überlebenswichtige Sache war, aber ich traute mich einfach nicht, die Beute zu jagen und anschließend zu reißen. Davor hatte ich große Angst. Meine Löwenmama hat mir Zeit gelassen. Sie hat mir einfach so lange die Beute zum Fressen gebracht, bis ich eines Tages, als ich schon ein bisschen größer war, selber Lust darauf bekam, meine Beute zu jagen. Und mit dem ersten Erfolgserlebnis ist dann auch die Angst verschwunden. Manchmal muss der Mut erst wachsen und das darf dauern. Ich bin stolz auf dich, Naja, auch wenn du dich noch nicht zu brüllen traust."

Naja freut sich über die lieben Worte ihrer Mutter, doch innerlich ist sie etwas ungeduldig. Es vergehen noch weitere Monate, in welchen Naja das Löwengebrüll nach wie vor ablehnt, weil sie sich davor fürchtet. Nur eines

Tages gibt es eine überraschende Wendung: Die drei Löwenjungen sind nun schon größer und dürfen manchmal allein auf die Jagd gehen. Diesmal haben sie sich etwas ganz Großes vorgenommen: Sie möchten einen Riesenbüffel jagen. Alle drei Löwinnen sind tolle Beutejäger und richtig schnell. Doch dieser Büffel ist widerspenstig und ebenfalls sehr schnell. Eine atemraubende Verfolgungsjagd beginnt und es stellt sich heraus, dass es doch nicht so einfach ist, wie sich die drei Löwenjungen das vorgestellt haben. Plötzlich ist Nima dem Büffel ganz nah und kann ihn fast schon packen. Doch da wird dieser plötzlich wild und tritt gefährlich um sich. Naja merkt, dass Nima nun ernsthaft in Gefahr ist und es sieht fast so aus, als würde sie von der Jägerin zur Gejagten werden. Da nimmt Naja all ihren Löwenmut zusammen und gibt ein sehr, sehr lautes und kräftiges Löwengebrüll von sich. Es ist so laut, dass sich Nomo die Ohren zuhält. Auch der Büffel bekommt es richtig mit der Angst zu tun und ergreift schnell die Flucht. Naja ist richtig stolz auf sich. Das Löwengebrüll gehört von nun an zu ihr und sie gibt es richtig gern von sich, so gern, dass sie bald darauf dem Löwengebrüllchor in der Schule beigetreten ist.

Weiterführung:

Reflektieren Sie mit den Kindern die Geschichte und fragen Sie sich, was Naja geholfen hat, ihre Angst zu überwinden.

25 Die schwarze Glückskatze

Alter: 4–6 Jahre   **Gruppenstärke:** 5–6 Kinder

Das brauchen Sie: evtl. ein Bild einer schwarzen Katze

Lernbereich: kreative Auseinandersetzung mit Ängsten

Da ist sie wieder, diese schwarze Katze! Jedes Mal läuft sie Anna von rechts nach links vor die Beine. Anna hat noch ganz genau die abergläubischen Worte ihrer Oma im Ohr: „Pass ja auf, mein Mädchen, dass dir keine schwarze Katze von rechts begegnet, denn das bringt Unglück!" Irgendwie findet Anna, dass Aberglaube Quatsch ist. Doch trotzdem hat sie ein bisschen Angst, wenn ihr schwarze Katzen so begegnen. Und diese Katze, die macht das seit drei Wochen fast jeden Tag! Warum bloß?

Der nächste Vormittag in der Schule vergeht schnell und die Kinder haben nicht so viel Zeit, um miteinander in der Pause zu sprechen. Eine neue Mitschülerin, Magdalena, steht meistens alleine herum. Irgendwie hat Anna

Mitleid und stellt sich vor, wie schwer es sein muss, neu zu beginnen. Beim Nachhauseweg merkt sie, dass Magdalena denselben Weg wie sie hat. Magdalena geht ihr voraus und betritt dann das blaue Wohnhaus, das sich gleich neben Annas gelbem Wohnblock befindet. Anna nimmt sich für den nächsten Tag vor, das neue Mädchen in der Schule anzusprechen. Doch dieser nette Gedanke wird bald von einem unangenehmen abgelöst, denn plötzlich fällt ihr wieder die schwarze Katze ein, die sie seit drei Wochen verfolgt und ihr immer von rechts über den Weg läuft.

Am nächsten Tag macht sich Anna wieder auf den Weg, um in die Schule zu gehen. Als sie ihren Wohnblock verlässt und am blauen Nachbarwohnblock vorbeigeht, öffnet sich dort die Eingangstür und Magdalena kommt heraus. Das ist eine gute Gelegenheit für Anna, um mit dem neuen Mädchen ins Gespräch zu kommen, also fasst sie Mut und sagt: „Hallo Magdalena! Wir besuchen dieselbe Klasse! Ich heiße Anna." Magdalena blickt Anna über-rascht an und sagt schließlich: „Hallo Anna! Das freut mich, dann können wir ja gemeinsam gehen!"

Als der Unterricht zu Ende ist, machen sich die beiden Mädchen auch wieder gemeinsam auf den Heimweg. Und als sie am Bürgersteig entlang gehen, begegnet ihnen plötzlich wieder diese schwarze, seltsame Katze. Anna wird unsicher und ängstlich. Sofort fallen ihr die Worte ihrer Oma ein. Doch Magdalena bückt sich, nimmt die schwarze Katze in den Arm und sagt: „Hallo Lilly, mein Lieblingskätzchen!" Sie streichelt die Katze und diese schmiegt sich genüsslich in ihren Arm. „Ist das deine Katze", fragt Anna. „Ja! Das ist meine Lilly. Ich bin so glücklich, dass ich sie hierher mitnehmen durfte, denn Mama wollte, dass Lilly in der alten Heimat bei Oma bleibt, weil sie die ländliche Umgebung gewohnt ist. Aber ohne Lilly konnte ich mir den Umzug gar nicht vorstellen. Sie ist meine Glückskatze und ich habe schon so viele schöne Dinge mit ihr erlebt!" Anna ist sehr erleichtert, dass die Unglückskatze sich plötzlich als Glückskatze herausstellt. Jetzt möchte auch sie die schwarze Katze streicheln. Ein richtig weiches Fell hat sie und es glänzt so schön in der Sonne! Die Katze ist so süß. Sie kann ja gar keine Unglückskatze sein. Die abergläubischen Worte ihrer Oma trafen in diesem Fall nicht zu. Anna und Magdalena machen für den Nachmittag aus, dass sie gemeinsam in den Park zum Spielen gehen. Und noch jemand wird mit-kommen: Eine Glückskatze namens Lilly!

Weiterführung:

Reflektieren Sie mit den Kindern die Geschichte. Vielleicht hatten sie auch schon mal vor etwas Angst, was letztendlich eine gute, positive Wendung nahm.

Sorelia, die Sorgenfee

Alter: 4–6 Jahre   **Gruppenstärke:** 5–6 Kinder

Lernbereich: Umgang mit Versagensängsten, Glaube an die eigenen Fähigkeiten stärken

Morgen steht Max ein wichtiges Fußballmatch bevor und er möchte unbedingt, dass seine Mannschaft gewinnt. Max hat eine der wichtigsten Aufgaben des Fußballteams, denn er ist Torschütze. Doch bei den letzten Trainings konnte er die Bälle einfach nicht halten. Immer wieder rollte der Ball ins Tor und das ließ ihn an seinen Fähigkeiten als guter Tormann zweifeln. Deshalb ist Max zutiefst besorgt und glaubt nicht daran, dass seine Mannschaft das morgige Spiel gewinnen könnte. Als er im Bett liegt und sich hin und her dreht und einfach nicht einschlafen kann, öffnet er das Fenster. Ein zarter, frischer Luftzug kommt herein. Er legt sich wieder ins Bett und sieht aus dem Fenster in den Sternenhimmel. Vielleicht könnte er seine Sorgen in den Himmel schicken und dann wären sie einfach weg! Ach, das wäre zu schön. Als Max so nachdenkt, passierte plötzlich etwas sehr Seltsames. Auf einmal beginnt einer der Sterne am Himmel ganz stark zu blinken und zu sprühen. Funken springen weg und ein Funke landet direkt auf der Fensterbank. Der Funke sprüht weiter, so stark, dass er die Augen schließen muss. Als er sie wieder öffnet, entdeckt er auf der Fensterbank ein klitzekleines, zartes Wesen mit dunkelbraunem Haar und rosa leuchtenden Flügeln. In der Hand hält es einen Zauberstab, der in allen Farben funkelt. Max ist etwas erschrocken und zieht sich die Decke über den Kopf. „Hab keine Angst!", ruft das kleine Zauberwesen mit zarter Engelsstimme. „Ich will dich nicht erschrecken. Ich bin gekommen, um dir zu helfen!" Er guckt vorsichtig unter der Decke hervor und fragt: „Wer bist du denn und wie willst du mir helfen?" „Ich bin Sorelia, die Sorgenfee. Ich komme dann, wenn Menschen so stark von Sorgen geplagt werden, dass sie nicht einschlafen können und den Glauben an sich selbst verlieren." Sorelia fragt, ob er ihr genau erzählen möchte, wovor er sich fürchtet. Da der Junge der kleinen Fee vertraut, erzählt er ihr, wie die letzten Fußballtrainings ausgegangen waren und wovor er so sehr Angst hat.

Sorelia hört aufmerksam zu. Dann greift sie in ein kleines Säckchen und holt daraus eine Prise Sternenfunkelstaub. Sie bittet Max, die Augen zu schließen und streut den Staub vorsichtig auf sein Gesicht. Kaum hat der Sternenstaub das Gesicht berührt, wird Max richtig warm. Ein angenehmes Gefühl dringt bis zu seinen Zehenspitzen. Und als er so nachdenkt, bemerkt er, dass er auf einmal nur mehr an fröhliche und erfolgsgekrönte Erlebnisse denken kann. In seinem Kopf schwirren Bilder herum, die ihn als erfolgreichen Tormann zeigen. So oft hatte er den Ball schon halten können. Er sieht auch, dass die anderen ihn bewundern. Und plötzlich hört er eine Stimme in seinem Ohr, die sagt: „Du hast schon viel geschafft und wenn du ganz fest an dich glaubst, kannst du noch viel mehr schaffen!" Max ist erleichtert. Sorelia merkt, dass der Sternenfunkelstaub bei ihm wirkt. Sie sagt: „Gut, ich merke, dass ich dir helfen konnte. Meine Arbeit ist getan, ich werde mich nun wieder auf die Reise machen, denn ich werde noch woanders gebraucht. Eines möchte ich dir noch sagen: Bei allem, was du tust, vergiss niemals, an dich selbst zu glauben. Du kannst so viel schaffen, wenn du an dich glaubst!" Max hört noch die Worte von Sorelia. Doch da sieht er schon wieder das grelle, helle Licht und muss die Augen schließen. Als er sie wieder öffnet, ist die kleine Fee verschwunden. Er denkt daran, was sie gesagt hat und schläft ruhig und entspannt ein.

Am nächsten Morgen, es ist ein Samstag, sitzt Max ganz entspannt beim Frühstück. Er hat richtig gut geschlafen. Als sein Papa Max den Tee bringt, fragt er ihn: „Na, bist du schon aufgeregt vor dem Fußballmatch?" Er antwortet: „Ach, nein, Papa! Ich weiß doch, dass ich ein guter Tormann bin und viele Bälle halten kann, wenn ich bloß an mich glaube!" „Genauso ist es, mein Junge!", erwidert der Vater stolz. Und genau so kommt es auch: Max hält bei diesem Match viele Bälle, so viele, dass seine Mannschaft gewinnt. 5:2, so geht das Spiel erfolgreich aus. Er ist unglaublich stolz auf sich. Am Abend, als er im Bett liegt, blickt er wieder aus dem Fenster zu den Sternen am Himmel. Bevor seine müden Augen immer schwerer werden und zuzufallen drohen, flüstert er: „Danke Sorelia, du hast mir sehr geholfen. Ich habe es geschafft, weil ich an mich glaubte!"

Weiterführung:

Reflektieren Sie mit den Kindern die Geschichte. Vielleicht haben auch die Kinder schon einmal etwas Ähnliches erlebt, weil sie an sich selbst und an ihre Fähigkeiten geglaubt haben?

**Bei den starken Tieren –
Mitmachgeschichte**

Alter: 4–6 Jahre   **Gruppenstärke:** 5–6 Kinder

Lernbereich: Mut und Selbstbewusstsein, Vorstellungskraft, Bewegung

Heute wollen wir gemeinsam eine Reise in ein fernes Land machen, dorthin, wo die stärksten und wildesten Tiere leben. Dazu müssen wir uns einmal in unserer Flugzeug setzen und abheben, denn wir fliegen nun nach Afrika. *(Die Kinder strecken die Arme zur Seite und laufen durch den Raum.)* Nach ein paar Stunden haben wir unser Ziel erreicht – wir setzen zur Landung an. *(Die Kinder setzen sich auf den Boden.)* Nun kann unsere Safari beginnen! Als erstes wandern wir durch den Dschungel. Wir bahnen uns erst einmal einen Weg durch die hängenden Lianen. *(Die Kinder gehen langsam im Raum herum und bewegen ihre Arme kräftig hin und her, als müssten sie sich mit einem Buschmesser den Weg durch den Dschungel bahnen.)* Aber halt, hört ihr das auch? Da knistert doch etwas! *(Die Kinder gucken nach oben.)* Seht mal da, eine Riesenschlange schlängelt sich über einen Baumstamm! Jetzt müssen wir ganz leise sein! Am besten bewegen wir uns nun wie die Schlange vorwärts, damit sie uns nicht entdecken kann. *(Die Kinder bewegen sich in Schlangenbewegungen durch den Raum).* Ich glaube, wir haben es geschafft und können weitergehen. *(Die Kinder gehen wieder aufrecht durch den Raum.)* Vor uns liegt nun eine grüne, saftige Wiese. Verstecken wir uns einmal hinter dem Baum, vielleicht können wir von dort aus Tiere beobachten. *(Die Kinder suchen sich ein Versteck im Raum.)* Oh, was ist denn das? Ich sehe da etwas! Etwas Großes, Graues, mit riesigen Ohren und einem langen Rüssel! Was kann denn das sein? Ja natürlich, es ist ein Elefant! Er stampft mit schweren Schritten durch die Wiese. Wollen wir ihn begleiten, dann müssen wir uns wieder tarnen! Wir versuchen uns genauso wie er zu bewegen. *(Die Kinder stampfen mit schweren Schritten durch den Raum und machen aus ihren Armen einen Elefantenrüssel.)* Nun kommt der Elefant zu einer Wasserstelle und saugt das Wasser mit seinem Rüssel an. *(Die Kinder treffen sich in der Mitte und berühren den Boden mit ihrer Hand.)* Doch der Elefant hört plötzlich etwas und lauscht mit seinen großen Ohren. *(Eine Hand zum Ohr halten und lauschen.)* Er hört ein gefährliches Knurren und Fauchen. *(Die Kinder knurren und fauchen.)* Der Elefant ergreift die Flucht und plötzlich springt aus dem Gebüsch ein schwarzer Panther hervor. Und damit wir wieder nicht auffallen, müssen wir uns schnell auf allen Vieren durch den Raum bewegen. *(Die Kinder bewegen sich auf allen Vieren durch den Raum.)* Puh, der Panther kann aber schnell laufen. Das ist anstrengend!

Er ist so schnell an uns vorbeigezogen und hat uns zum Glück nicht bemerkt, denn er hat so scharfe Zähne, das war richtig gefährlich! Lasst uns nun wieder nach Hause fliegen. *(Die Kinder strecken ihre Arme zur Seite und bewegen sich wieder mit schnellen Schritten durch den Raum.)* Ich sehe schon den Kontinent Europa! Gleich haben wir es geschafft und können zur Landung ansetzen! *(Die Kinder kreisen noch einmal durch den Raum und setzen sich danach auf den Boden.)* Seid ihr auch gut gelandet? Das ist fein! Schön war die Reise mit euch! Aber erzählt mal, welches Tier euch besonders gut gefallen hat? *(Die Kinder erzählen nach der Reihe, welches Tier sie besonders beeindruckt hat und warum.)*

28 Das besondere Geburtstagsgeschenk

Alter: 4–6 Jahre   **Gruppenstärke:** 5–6 Kinder

Lernbereich: Mut entwickeln, Ängste bewältigen

Tim ist richtig aufgeregt. Heute ist nämlich ein ganz besonderer Tag im Jahr: Er hat heute Geburtstag und wird sechs Jahre alt. Weil er gern Freunde um sich hat, hat er diese am Nachmittag zum Spielen eingeladen. In der Kita feierte Tim schon am Vormittag seinen Geburtstag. Doch bei dieser Feier fühlte er sich nicht so wohl. Er mag es nämlich nicht, wenn er im Mittelpunkt stehen muss. Seine Erzieherin Olivia war zwar sehr bemüht, doch trotzdem wollte er nur ungern auf dem schön geschmückten Geburtstagsthron sitzen. Weil er aber wusste, dass das einfach dazugehört, nahm er darauf Platz. Aber richtig lächeln konnte er nicht, als Olivia ihn beim Ausblasen der Kerzen fotografierte. Es war ihm richtig peinlich, die sechs Kerzen und die Lebenskerze vor seinen Freunden auszublasen. Seine Hände waren auch richtig feucht, als seine Kita-Freunde zu ihm kamen, um ihm zu gratulieren und ihm die Hand zu schütteln.

Tims Mutter weiß, dass ihr Junge nicht gern im Mittelpunkt steht. Aus diesem Grund steht auf seiner Einladung auch nicht „Geburtstagsparty", sondern „Einladung zum Spiele-Nachmittag". Und bei den Spielen, die er sich ausgedacht hat, muss niemand im Mittelpunkt stehen, denn die Kinder werden gemeinsam an einem Lager im Garten bauen. Um drei Uhr klingelt es das erste Mal an der Tür. Es ist Clemens. Er überreicht Tim ein Geschenk mit den Worten: „Ich wünsche dir einen schönen Geburtstag! Ich hab dir etwas mitgebracht." Der freut sich, trotzdem färben sich seine Wangen ein bisschen rot. „Danke!", sagt er ganz verlegen. Immer wieder klingelt es. Als letztes kommt Amelie. Sie begrüßt ihn, gibt ihm ein kleines Säckchen und sagt: „Bitte mach es erst auf, wenn wir in unserem Lager sitzen." Tim ist nun ein bisschen neugierig. Das klingt aber spannend. Was hat Amelie ihm bloß mitgebracht?

Die Sonne strahlt vom Himmel und die Kinder bauen eifrig im Garten an ihrem Lager. Die Jungs nageln alte Holzbretter und Äste zusammen und nach einiger Zeit ist ihr Lager, ihr Häuschen, fertig. Stolz sitzen sie davor. Die Eltern bringen den Kindern Würstchen und Saft, damit sie sich stärken können. Dann sagt Tim plötzlich: „Jetzt möchte ich doch einmal gerne meine Geschenke öffnen. Ich bin schon gespannt." Nach der Reihe öffnet er die Päckchen und freut sich. Er hatte so viele schöne Sachen bekommen: Bücher, Rennautos für seine Autobahn, ein selbstgebasteltes Lesezeichen … Zuletzt öffnet er das kleine Säckchen von Amelie. Auf dieses Geschenk war er ja auch schon sehr neugierig. Als er es öffnet, entdeckt er einen funkelnden Stein. Amelie sieht, dass er überrascht ist und sagt: „Das ist ein goldenes Katzenauge, so heißt der Stein. Das war mein Glücksstein. Immer wenn ich mir etwas gewünscht habe, hat er mir Glück gebracht. Nun möchte ich ihn dir schenken. Vielleicht brauchst du auch einmal Glück oder Mut, dann kann dir der Stein helfen." Er betrachtet den Stein von allen Seiten und bedankt sich bei Amelie. Er hält den Stein fest in den Händen. Vielleicht hat er ja wirklich eine magische Wirkung?

An diesem Tag benötigt Tim den Glücksstein noch nicht, denn der Spielenachmittag ist sehr gelungen. Er ist richtig froh, dass er so schön und toll mit seinen Freunden spielen konnte. Am Mittwoch ist er aber richtig aufgeregt. Am Nachmittag findet die Schuleinschreibung statt. Er weiß, dass ihm da seine zukünftige Lehrerin Fragen stellen wird. Zwar kennt er sie schon und hat sie höflich und nett in Erinnerung, aber trotzdem weiß der Junge genau, dass er wieder allein vor anderen sprechen musste. Und als er daran denkt, fühlt er sich gar nicht wohl. Seine Mutter erkennt das und schlägt ihm vor: „Kannst du dich noch an Amelies Geburtstagsgeschenk erinnern, Tim? Sie hat dir einen Glücksstein geschenkt! Vielleicht kann er dir ja heute helfen?" Er holt den Stein aus seinem Zimmer. Vielleicht ist es wirklich hilfreich, ihn heute mit dabei zu haben?

Als er im Klassenraum der Schule sitzt, hält er den Stein fest in der Hand. Die Lehrerin spricht ein paar liebevolle Begrüßungsworte und schließlich fragt sie ihn nach seinem Namen und seiner Adresse. Tim wartet auf das komische, nervöse Gefühl. Doch es kommt diesmal nicht. Er hält den Glücksstein fest in seiner Hand und beginnt schließlich von sich zu erzählen. Ganz ohne Aufregung, ganz ohne Angst. Nach einiger Zeit bedankt sich die Lehrerin und verabschiedet ihn. Als er den Klassenraum verlässt, sagt er zu seiner Mutter: „Ich war gar nicht aufgeregt, Mama! Du hattest recht, der Glücksstein bringt nicht nur Glück, er kann auch zaubern!" Tim hält den besonderen Stein fest in seiner Hand und bedankt sich im Stillen noch einmal bei Amelie für dieses besondere Geburtstagsgeschenk.

Weiterführung:

Reflektieren Sie mit den Kindern die Geschichte und fragen Sie sie, ob es Situationen gab, wo die Kinder aufgeregt oder nervös waren. Gab es etwas, das ihnen geholfen hat?

29) Das lustige kleine Niesgespenst

Alter: 4–6 Jahre   **Gruppenstärke:** 5–6 Kinder

Lernbereich: Angst vor Gespenstern lindern, Umgang mit Ängsten lernen

Die Uhr schlägt Mitternacht. Die Gespenster im Schloss Hochgrusel sind bereits wach und schweben im Schloss umher. Ein lautes „Huhuuuuu!" dröhnt durch die hohen Schlossräume. Nur das kleinste Gespenst namens Buhu lässt sein Köpfchen traurig hängen. Bei diesem lustigen Gepolter mag und kann es nicht dabei sein. Das kleine Gespenst hat nämlich ein großes, richtig ernsthaftes Problem. Immer, wenn es einen richtig gruseligen, gespenstischen Laut von sich geben möchte, ein „Huhuhu!", dann juckt plötzlich sein Näschen und es kommt nur ein kräftiges „Hatschi!" aus seinem Mund. Das haben die anderen Gespenster bereits bemerkt und finden es sehr witzig. Und weil es so lustig für die anderen ist und sie immerzu lachen müssen, wenn sie Buhu niesen hören, beschließen sie, ihm einen Spitznamen zu geben: „Buhu, das lustige Niesgespenst". Aber Buhu findet das gar nicht lustig. Schließlich möchte er ja zu jenen Gruselgespenstern zählen, vor denen sich die anderen fürchten. Der Schauer soll jedem, der ihn sieht und hört, über den Rücken laufen. Aber wenn Buhu kommt, sorgt das nur für Gelächter. Und das stimmt ihn so traurig, dass er seine Zimmertür im Keller des Schlosses versperrt und gar nie mehr raus will. Im Dorf gibt es eine nette Familie. Die Kinder spielen manchmal auf der Wiese vor dem Schloss. Die drei Jungs haben die Gespenster schon gesehen und sogar mit einigen Freundschaft geschlossen. Nur die Tochter der Familie, sie ist noch sehr jung, erst drei Jahre alt, fürchtet sich immer, wenn die Brüder von den gespenstischen Freunden erzählen. Eines Tages nahmen sie Carola, so heißt das Mädchen, am späten Nachmittag mit zum Spielen. Marta, Buhus einzige Gespensterfreundin, war auch in einem Baum versteckt. So gern wollte sie mit den Kindern spielen, aber als sie mit ihrem Gespensterruf

„Huhuhuh!" auf sich aufmerksam machen wollte, lief Carola schreiend davon. Sie erzählte ihren Eltern, was sie gesehen und gehört hatte und ließ sich lange Zeit nicht beruhigen. Sie weinte so bitterlich vor Angst, dass ihre Eltern nun überlegen, in eine andere Ortschaft zu ziehen, irgendwohin, wo es keine Gespenster gibt. Einer der Brüder erzählte Marta, wie traurig die Jungs nun waren, denn sie hatten schon eine richtige Freundschaft mit den Gespenstern geschlossen. Und nun braucht Marta dringend Buhus Hilfe, denn er ist das einzige Gespenst, das keinen furchterregenden Gespensterruf von sich geben kann. Vielleicht könnte er es schaffen, das Mädchen zu erheitern und ihm mit seinem lustigen Niesen die Angst vor Gespenstern zu nehmen. Buhu versteht Martas Plan. Obwohl er anfangs noch ein bisschen zögert, beschließt er schließlich doch zu helfen. An diesem Abend schweben sie gemeinsam ins Dorf. Als sie durch Carolas Fenster blicken, sehen sie das Mädchen, wie es mit seinem Puppenschloss spielt. Eigentlich will Buhu vorerst leise zusehen und noch nicht auf sich aufmerksam machen, aber da beginnt das seltsame Nasenjucken schon. Marta bemerkt das an seinem Gesichtsausdruck und flüstert ihm schnell zu: „Sei doch bitte noch leise und versuche jetzt noch nicht zu niesen, wir wollen ja vorher noch den Brüdern Bescheid geben, dass wir da sind!" Aber das schafft Buhu nicht. Das Jucken in der Nase wird immer mehr und mehr und schon muss er ein kräftiges Niesen von sich geben: „Hatschi!!!" Oje, das ist so laut, dass es bestimmt jeder gehört hat! Und so ist es auch. Carola legt ihr Püppchen auf den Boden und blickt sich um. Nanu, was war denn das? Da muss Buhu erneut niesen. Diesmal so laut und kräftig, dass Carolas Fenster aufspringt. Das Mädchen guckt erschrocken aus dem Fenster und schon sieht es Buhu und Marta. Carola setzt schon zum Schreien an, doch da muss Buhu wieder niesen. „Hatschi!!!" Die ängstlichen Blicke von Carola verschwinden und ein Lächeln macht sich auf ihren Lippen breit. Und als Buhu nochmals niest, kichert das Mädchen und sagt: „Hihi, was bist denn du für ein lustiges Gespenst? Hast du so oft geniest? Ich habe ja noch nie ein Gespenst gesehen, das niesen kann!" Buhu beginnt zu lachen und sagt: „Ja, das war ich. Ich weiß, ich bin kein normales Gruselgespenst. Mich nennt man auch „Das lustige Niesgespenst". Sag mal, gefalle ich dir denn, mit meinem Niesen?" „Ja und wie!", quietscht Carola fröhlich und lädt Buhu ein, in ihr Zimmer zu schweben. Plötzlich ist Buhu richtig froh, mit seinem lustigen Niesen Leute fröhlich stimmen zu können.

Weiterführung:

Reflektieren Sie gemeinsam mit den Kindern die Geschichte. Vielleicht fällt auch den Kindern eine weitere, lustige Gespenstergeschichte ein?

Fingerspiele und Verse für das Selbstvertrauen

Mit Worten kann man viel bewirken! Setzt man sie achtsam und wertschätzend ein, können sie ermutigen, Anerkennung vermitteln, Zuversicht, Liebe und Hoffnung geben, motivieren oder Trost spenden. Genau das sollen die Fingerspiele und Verse dieses Kapitels bewirken. Über das lustvolle Sprechen und Reimen soll vor allem das Selbstwertgefühl der Kinder aufgebaut oder gestärkt werden.

Gerade für den Aufbau eines gesunden Selbstvertrauens ist es wichtig, dass sich Kinder ihrer Stärken und Fähigkeiten bewusst sind. Jeder von uns ist besonders und kann irgendetwas gut! Auch für den Fall, dass Kinder etwas nicht allein schaffen, gibt es eine Lösung: Sie fassen den Mut, um sich Hilfe von außen zu holen, von einem Freund, einer Freundin oder einer anderen, nahestehenden Person.

Die Fingerspiele und Verse sollen den Kindern Mut machen, sich den Herausforderungen des Lebens freudig zu stellen und sich auch auf einen natürlichen Umgang mit Ängsten einzulassen.

Gelassener kann man Probleme, Sorgen oder Ängste dann sehen, wenn man auch in Negativem für sich etwas Positives entdeckt. Mit einem fröhlichen Gemüt und einem Lächeln auf den Lippen gelingt vieles leichter!

30 Der Mutmachzauber

Alter: 3–6 Jahre   **Gruppenstärke:** 4–6 Kinder

Das brauchen Sie: einen kleinen Ast, unterschiedliche Kreativ- oder Naturmaterialien, Kleber

Lernbereich: Sprache, Selbstvertrauen

So geht es:

Gestalten Sie vorab mit den Kindern beispielsweise aus einem kleinen Ast einen originellen Zauberstab. Leuchtfarben, Glitzerfolie oder edle Mosaik-schmucksteine können natürlich genauso verwendet werden wie Natur-materialien. Stellen Sie den Kindern ein großes Materialangebot zur Auswahl. Ist dieser besondere Zauberstab fertig, kommt er auch schon zum Einsatz. Durch seine besonderen Zauberkräfte lässt sich ganz schnell eine wohltuende Portion Mut für die Kinder herbeizaubern! Lassen Sie ein Kind mit dem Zauberstab hantieren und sprechen Sie mit den Kindern folgenden Spruch:

> Zauber, zauber, eins, zwei, drei, ich zaubere mir jetzt Mut herbei.
> Ich spür, die Hemmung zieht vorbei, es ist wahrhaftig Zauberei!
> Ich bin jetzt froh und fühl die Kraft, die mit mir sicher vieles schafft!
> Sim, sala, bam und sim, sala bim – ich spür jetzt, dass ich mutig bin!

Das Kind, das den Zauberstab in der Hand hält, kann nach dem Spruch die anderen Kinder vorsichtig damit berühren. Gewiss fühlen die Kinder nun, wie der Mut und die Kraft zu ihnen gelangen.

31 Kraft-stampf-Vers

Alter: 3–6 Jahre   **Gruppenstärke:** 4–6 Kinder

Lernbereich: Körperkoordination, Selbstbewusstsein

So geht es:

Es gibt Phasen, da fühlt man sich einfach kraft- und energielos. Auch Kindern geht es so. Mit folgendem Kraft-stampf-Vers können die Kinder durch kräftiges Aufstampfen ihren Kreislauf in Schwung bringen und auf diese Weise wieder mehr Kraft und Energie für den Alltag bekommen. Sprechen Sie dazu folgenden Vers:

> Wenn dich die Kraft verlässt, dann stampfe einfach fest
> mit deinem rechten Bein ganz kräftig in den Boden rein.
> Dann spürst du deutlich und ganz klar:
> Es ist wirklich wahr, die Kraft ist langsam wieder da!
> Nun stampfe auch mit dem linken Bein ganz fest und kräftig
> in den Boden rein.
> Bald fühlst du es, es tut dir gut, die neue Kraft, sie macht dir Mut!

32 Helfende Freunde – Fingerspiel

Alter: 4–6 Jahre **Gruppenstärke:** 4–6 Kinder

Lernbereich: Achtsamkeit und Wertschätzung, Sprache, Selbstvertrauen

So geht es:

Freunde sind ganz wichtige Begleiter in vielen Lebenslagen. Gerade auch in angstbesetzten oder von Sorgen geplagten Situationen ist es wichtig, Freunde zu haben. Folgendes Fingerspiel verweist genau darauf. Starten Sie, indem Sie Ihre Hand zur Faust ballen. Mit jeder Verszeile kommt ein Finger dazu. Die Kinder machen natürlich mit.

> Fünf Freunde helfen dir jederzeit – sie sind für dich da
> und zu allem bereit.
> Der **erste** hört dir immer zu, wenn Sorgen dich plagen
> und du kommst nicht zur Ruh.
> Der **zweite** sieht im Schrank das Gespenst, er ist tapfer
> und kämpft für dich ungehemmt.
> Der **dritte** weiß, wenn der Mut dich verlässt
> und steht dir zur Seite beim schwersten Test.
> Der **vierte** spürt, wenn du traurig bist, er hört dir zu,
> damit du den Kummer vergisst.
> Der **fünfte** ist klug und spricht: Freunde sind für dich immer da –
> sie geben dir Hoffnung und Zuversicht!

33 Für dich bin ich da

Alter: 4–6 Jahre   **Gruppenstärke:** 4–6 Kinder

Lernbereich: Wertschätzung und Achtung, Empathie, Sprache

So geht es:

Es ist ein sicheres, angenehmes Gefühl zu wissen, dass man einen Freund an seiner Seite hat, der gerade auch in schwierigen Situationen ein offenes Ohr hat. Der folgende Spruch vermittelt den Kindern genau diese Sicherheit:

> Für dich bin ich da, das ist ja wohl klar!
> Wenn der Kummer dich plagt und du bist ganz verzagt,
> du kommst nicht zur Ruh', dann bin ich für dich da und höre dir zu!

34 Der Angst-okay-Rap

Alter: 5–6 Jahre   **Gruppenstärke:** 4–5 Kinder

Lernbereich: Selbstvertrauen, Mut, Hilfe von außen anzunehmen, Sprache und Rhythmusgefühl

So geht es:

Angst zu haben ist okay! Es ist völlig in Ordnung und manchmal sogar gut, wenn man im Leben vor gewissen Dingen Angst hat oder diesen ganz einfach mit Vorsicht, Schüchternheit und/oder Zurückhaltung begegnet. Wird die Angst zu groß und das mulmige Gefühl im Bauch unerträglich, sollen Kinder auch wissen, dass jemand da ist, dem sie sich anvertrauen können. Sprechen Sie mit den Kindern den Spruch und patschen Sie dabei abwechselnd auf den linken und rechten Oberschenkel:

> Diese Angst, ach herrje, die ist manchmal schon okay.
> Ein bisschen Angst gehört dazu, nur manchmal gibt sie keine Ruh.
> Wenn sie dann kommt und nicht mehr geht, dann ist es auch
> nicht gleich zu spät!
> Ich komm dann einfach auf dich zu *(Sich vor ein Kind setzen.)*
> und du hilfst mir ganz rasch, im Nu. *(Auf die Oberschenkel des anderen patschen.)*

Gemeinsam zeigen wir richtig Mut, *(Die Hände reichen.)*
das tut der Angst so gar nicht gut. *(Den Kopf schütteln.)*
Sie verblasst dann einfach so und ich bin wieder richtig froh!
(Vom Körper weg zeigen und lachen.)

35 So wie ich bin, ist's wunderbar!

Alter: 5–6 Jahre   **Gruppenstärke:** 1–2 Kinder

Das brauchen Sie: einen großen Spiegel, in dem die Kinder ihren ganzen Körper betrachten können

Lernbereich: Selbstwertgefühl, Sprache, Selbstvertrauen

So geht es:

An sich glauben und sich genauso wie man ist mögen und annehmen, ist eine wesentliche Grundlage für den Aufbau eines positiven Selbstwertgefühls. Dafür betrachtet sich immer ein Kind in einem großen Spiegel und gemeinsam sprechen Sie folgenden Spruch:

So wie ich bin, ist's wunderbar! Ich stehe groß und kräftig da.
Bin stolz auf das, was ich schon kann – das sieht man mir so richtig an.
So wie ich bin, fühl ich mich gut – das macht mich froh und gibt mir Mut!
Ganz viel hab ich schon geschafft – denk ich daran, gibt es mir Kraft!

36 Der Kitzelstrolch – Aufmunterungsreim

Alter: 3–6 Jahre   **Gruppenstärke:** 2–4 Kinder

Das brauchen Sie: Fasermaler

Lernbereich: Körperwahrnehmung, Empathie, Sprache

So geht es:

Der folgende Reim kitzelt den Kindern bestimmt ein Lächeln auf die Lippen! Manche angst- oder trauerbesetzten Situationen lassen sich auch mit kurzen Aufmunterungssprüchen entschärfen oder auflockern. Die Erzieherin malt den Kindern mit einem Fasermaler einen kleinen Strolch auf den Handrücken oder auf einen weißen Sticker, den sie auf die Hand klebt.

Anschließend gehen die Kinder paarweise zusammen und ein Kind kitzelt das andere vorsichtig, passend zum Reim.

> Der Kitzelstrolch kommt nun zu dir und kitzelt dich mal dort, mal hier. Auf deinem Bauch, da magst du's auch. Dann kitzelt er die Arme munter, einmal rauf und einmal runter.
> Danach kommt der Rücken dran, auch hier fängt's dich zu kitzeln an. Mit dem kleinen Strolch, der kitzeln kann, da fängst du gleich zu lachen an!

37 Fünf Kinder brauchen Mut

Alter: 5–6 Jahre   **Gruppenstärke:** 4–5 Kinder

Das brauchen Sie: einen Handspiegel

Lernbereich: Selbstvertrauen, Selbstwertgefühl, Sprache

So geht es:

Folgendes Fingerspiel verdeutlicht den Kindern, wie wichtig es ist, an sich selbst zu glauben, denn dann kann auch der Mut in einem wachsen.

> Fünf Kinder brauchen Mut, sie wissen, das tut ihnen gut! *(Daumen hoch zeigen.)*
> Das erste holt sich die Kraft vom Baum, denn der ist stämmig anzuschau'n. *(Einen Baum mit dem Arm darstellen.)*
> Das zweite sieht dem Bären zu, so stark und kräftig ist es im Nu. *(Groß wie ein Bär machen.)*
> Das dritte bittet den Löwen um Rat, ein starkes Tier, in der Tat! *(Die Hände zu Krallen formen.)*
> Das vierte weiß nicht, was es tut, ihm fehlt ganz einfach etwas Mut. *(Fragend blicken.)*
> Es fragt das fünfte und das spricht:
> „Andere befragen, das hilft dir nicht. *(Den Kopf schütteln.)*
> Vertrau auf dich und fühl dich gut, dann kommt aus deinem Herzen Mut!" *(Die Hand auf die Brust legen.)*

38 Das Angst-ade-ABC

Alter: 5–6 Jahre   **Gruppenstärke:** 4–6 Kinder

Das brauchen Sie: das ABC auf einzelnen Kärtchen oder Blättern

Lernbereich: Sprache, Kennenlernen von Buchstaben, Selbstvertrauen

So geht es:

Sprechen Sie gemeinsam mit den Kindern folgenden Spruch und legen Sie die ABC-Karten passend zum Spruch auf:

> A, B, C, D, E – die Angst ist hier, oje.
> F, G, H, I, J – das find ich nicht okay!
> K, L, M, N, O – dann mach ich's einfach so:
> P, Q, R und S – ich mach mir keinen Stress!
> T, U, V und W – Ich denk nicht dran und seh
> X, Y und Z – die Angst ist fast schon weg – wie nett!

39 Das Lachvirus

Alter: 5–6 Jahre   **Gruppenstärke:** 4–5 Kinder

Lernbereich: Sprache, Körperwahrnehmung

So geht es:

Sprechen Sie mit den Kindern folgenden Vers und machen Sie die passenden Bewegungen dazu:

> Mit diesem Virus steck ich mich an, weil es einfach vieles kann.
> Es macht mich lustig, bin richtig froh und könnte lachen, einfach so.
> *(Lachende Grimassen schneiden.)*
> Heiter sehe ich die Welt ganz bunt, dieses Virus ist toll und gesund!
> *(Daumen hoch zeigen.)*
> Mal lache ich laut, *(Laut lachen.)* oder grins ich vor mich hin, *(Grinsen.)*
> man sieht es mir an, wie glücklich ich bin.
> Vor lauter Lachen spüre ich auch ein lustiges Kribbeln in meinem
> Bauch. *(Mit den Fingern den Bauch kribbeln.)*
> Willst du das auch, *(Auf jemanden zeigen.)* dann hab keine Bang' und

stecke dich einfach bei mir an! (Jemandem die Hand reichen.)
Gemeinsam Lachen das ist fein, da wird die Seele richtig rein!
(Gemeinsam lachen.) 66

(40) Der Superheld im Spiegelbild – Mitmachgedicht

Alter: 4–6 Jahre   **Gruppenstärke:** 1 Kind

Das brauchen Sie: einen großen Spiegel, in dem das Kind seinen ganzen Körper betrachten kann

Lernbereich: positives Selbstwertgefühl, Körperwahrnehmung, Sprache

So geht es:

Sprechen Sie gemeinsam mit einem Kind vor dem Spiegel den Spruch.
Passend zum Spruch berührt das Kind immer den jeweiligen Körperteil bzw.
führen Sie Bewegungen aus.

99 Schaue ich mich im Spiegel an, dann sehe ich, was ich schon kann.
Fangen wir mal oben an, beim großen Kopf, der denken kann.
Mit meinen Ohren, das ist klar, nehme ich Geräusche wahr.
Ob laut, ob leise, hell und schrill, ich kann hören, was ich will.
Die Augen, die sind groß und schnell, sie sehen alles, ob dunkel, ob hell.
Und mitten im Gesicht, das kleine Näschen, es besticht.
Es ist ganz zart und klein und lässt den guten Duft hinein.
Beim schlechten gerät es aus der Ruh', dann halte ich es ganz schnell zu!
Der Mund, der wirklich vieles kann, mit dem fange ich zu sprechen an.
Kann kauen, schlucken, beißen, singen, all das kann mir ganz gut gelingen!
Liebe Worte kann ich damit sagen, wenn Sorgen meine Freunde plagen.
Nun geht es zu den Schultern und Armen runter, die kreisen
manchmal richtig munter.
Manche Dinge, die greife ich an, da kommen dann die Hände dran.
Die Finger, die sind wirklich klein, doch sie zu haben, das ist fein.
Denn die sind schnell und ganz geschickt und im Nu ist der Schal
schon fertig gestrickt.
Dann kommt die große Fläche und jeder weiß auch, oben ist die Brust
und unten der Bauch.

Ich spüre oft, wie sich alles bewegt und die Verdauung und Atmung in Gang gerät.

Um meinen Körper gut zu tragen, müssen sich die Beine und Füße plagen.

Doch diese sehen kräftig aus und halten mein Gewicht gut aus.

Auch sie sind schnell und voll Elan und fangen schon am Morgen an.

Sie helfen mir beim Aufstehen aus dem Bett und tragen mich tagsüber, das ist nett.

Und möchte ich dann Fußball spielen, glaube ich oft, ich kann fast fliegen.

Denn blitzschnell bringen die Beine den Ball hervor und schießen mit viel Kraft ein Tor!

Und brauche ich dann nach dem Spiel die Ruhe und davon ganz schön viel, dann mache ich es einfach so: Ich setze mich auf meinen Po.

Diese Ruhe kann entzücken und deshalb lege ich mich auch auf den Rücken.

Ich sehe mir die Welt von oben an und denke mir: „Richtig toll, was ich schon kann!"

Mein Spiegelbild mir gut gefällt, denn darin ist ein Superheld!

41) Die Angst im Bauch – spürst du sie auch?

Alter: 3–6 Jahre   **Gruppenstärke:** 4–5 Kinder

Lernbereich: Selbstwertgefühl, Sprache, Körperwahrnehmung

So geht es:

Über folgendes lustiges Mitmachgedicht können die Kinder eine Taktik erlernen, wie sie dem Unwohlsein im Bauch bei Angstzuständen entgegenwirken können.

Die Angst im Bauch – spürst du sie auch? *(Über den Bauch streicheln.)*
Das Kribbeln und Krabbeln und Zippeln und Zappeln, *(Mit den Fingerspitzen am Bauch zappeln.)* ich spür es – oje! Mein Bauch tut mir weh! *(Langsam über den Bauch streicheln.)*
Jetzt ist es da – ich hab es gefühlt, wie es da drinnen in mir wühlt. *(Runde Bewegungen über den Bauch machen.)*
Es kommt die Verzweiflung und ich denk mir:
„Nein, das kann doch nicht sein!" *(Den Kopf schütteln.)*

Dann schließ ich die Augen und werde ganz still, *(Die Augen schließen und ruhig werden.)*

und merke: Entspannung ist's, was mein Körper will!

Ich werde ganz ruhig, denn ich weiß genau, *(Zeigefinger zum Mund führen.)*

tief atmen, das ist jetzt besonders schlau! *(Zeigefinger vom Mund wegführen.)*

Durch die Nase lasse ich die Luft bis zum Bauch *(Die Hand auf den Bauch legen und tief durch die Nase einatmen.)*

und merke schon, das hilft mir auch.

Ich lasse die Luft durch den Mund wieder raus *(Fest durch den Mund ausatmen.)*

und schon entspannt sich mein ganzer Bauch! *(Den Bauch streicheln.)*

Das mache ich öfter, denn es tut mir gut

und ich bekomme neuen Mut! **"**

(42) Im Dunklen ist ein Licht

Alter: 5–6 Jahre   **Gruppenstärke:** 4–5 Kinder

Das brauchen Sie: Taschenlampe

Lernbereich: visuelle Wahrnehmung, Empathie, Sprache

So geht es:

Ein Licht kann auch als Symbol für Hoffnung stehen. Der folgende Spruch zeigt den Kindern, dass es immer einen Lichtblick gibt. Verdunkeln Sie den Raum und stellen Sie den Kindern eine Taschenlampe zur Verfügung. Die Kinder sprechen den Spruch und ein Kind erhält die Taschenlampe. Leuchtet es damit am Ende des Spruches auf ein Kind, so erhält dieses die Taschenlampe als nächstes und das Spiel kann so reihum fortgesetzt werden, bis alle Kinder von dem angenehmen Lichtstrahl beleuchtet wurden.

" Im Dunklen ist ein Licht. Es steht für Hoffnung und verspricht:

„Fühlst du dich ängstlich und allein, will ich ganz einfach bei dir sein.

Ich leuchte hell mit meinem Schein und du sollst wieder glücklich sein." **"**

(43) Fünf kleine Helden suchen das Glück

Alter: 4–6 Jahre   **Gruppenstärke:** 4–5 Kinder

Lernbereich: Sprache, Auge-Hand-Koordination, Selbstvertrauen

So geht es:

Sprechen Sie vorher mit den Kindern darüber, was sie im Leben glücklich gemacht hat. Danach folgt das Fingerspiel:

99 Fünf kleine Helden suchen das Glück,

jeder will davon ein Stück.

Der erste kann es kaum erwarten und läuft ganz schnell in seinen Garten, *(Mit den Armen Laufbewegungen andeuten.)*

dort guckt er hier und guckt auch dort – doch das Glück ist einfach fort. *(Verwundert gucken.)*

Der zweite will der Schnellste sein und deshalb sucht er ganz allein. *(Schnelle Laufbewegungen mit den Händen andeuten.)*

Er sucht gespannt in jedem Eck – doch das Glück ist einfach weg. *(Die Fingerspitzen beider Hände zu einer Spitze zusammenführen.)*

Der dritte denkt, er ist schlau und schaut noch einmal ganz genau – *(Mit den Augen suchend blicken.)*

vielleicht ist es in seinem Haus? Doch merkt er bald: Das Glück ist aus! *(Mit den Händen ein Haus bzw. Dach darstellen.)*

Der vierte, der geht in die Ferne und sucht das Glück mit der Laterne. *(Die Hand zu einer Faust machen und damit das Halten einer Laterne andeuten.)*

Er möcht es sehen, hell und klar, doch das Glück ist nicht mehr da. *(Enttäuscht blicken.)*

Der fünfte, der geht nicht mehr fort, er weiß, es ist an keinem Ort, *(Den Kopf schütteln.)*

er sagt den anderen: „Hört mal hin, das Glück ist einfach in euch drin. *(Die Hand zum Ohr führen.)*

Seid zufrieden und richtig froh, dann kommt das Glück ganz einfach so!" *(Lächeln und die Hand zur Brust führen.)* 66

Manchmal sag ich einfach NEIN!

Alter: 5–6 Jahre   **Gruppenstärke:** 4–5 Kinder

Lernbereich: Selbstvertrauen, Mut, um auch mal „Nein" zu sagen, Sprache

So geht es:

Führen Sie mit den Kindern ein Gespräch und fragen Sie die Kinder, ob es etwas gibt, das sie gar nicht mögen. Haben sich die Kinder auch getraut, zu etwas „Nein" zu sagen? Der folgende Spruch soll die Kinder dazu ermutigen, über ein freundliches, aber bestimmtes „Nein" auch einmal Grenzen im Leben zu setzen.

> Manchmal sag ich einfach „Nein! So soll es für mich nicht sein!"
> Wenn ich etwas gar nicht mag, fasse ich den Mut und sag:
> „Nein, so soll's für mich nicht sein! Die Meinung stimmt nicht überein!"
> Wer das hört, der muss verstehen: Ich will andere Wege gehen.
> Weiß schon ganz gut, was ich will, und deshalb bin ich jetzt nicht still.
> Bestimmt wird's auch mal anders sein, doch diesmal sag ich einfach „Nein!"

45 Stark wie ein Löwe und groß wie ein Bär – Mitmachspruch

Alter: 5–6 Jahre   **Gruppenstärke:** 4–5 Kinder

Das brauchen Sie: Bilder eines Bären und eines Löwen

Lernbereich: Selbstvertrauen, Sprache, Mut

So geht es:

Zeigen Sie den Kindern die Bilder des Löwen und des Bären. Sprechen Sie über die Fähigkeiten der Tiere. Wenn man an diese wilden Tiere denkt, fällt es einem leichter, sich selber groß und stark zu fühlen. Der folgende Vers ermutigt die Kinder dazu:

> Stark wie ein Löwe und groß wie ein Bär, das ist eigentlich gar nicht schwer.
> Kommt die Angst dann bei mir an, denke ich ganz fest daran,
> und schon fällt es mir ein: Stark und mutig kann ich sein!
> Auf das mulmige Gefühl folgt dann ganz schnell ein Gebrüll,
> und ich merke, oh, wie fein, die Angst, die wird schon sichtbar klein!
> Kommt sie dann wieder, mach ich mich groß und merke dabei bloß,
> wie die Angst im Wind verweht, weil sie einfach gut versteht:
> Bin ich stark wie ein Löwe und groß wie ein Bär, fällt das Mutig-Sein
> nicht schwer!

46 Glücksregen – Fingerspiel

Alter: 5–6 Jahre   **Gruppenstärke:** 4–5 Kinder

Lernbereich: Empathie, Selbstvertrauen, Sprache

So geht es:

Sprechen Sie gemeinsam mit den Kindern folgendes Fingerspiel und machen Sie die passenden Bewegungen dazu:

> Regen, Regen, tropf, tropf, tropf, *(Mit den Fingern zappeln.)*
> fall auf meinen Kopf, Kopf, Kopf. *(Vorsichtig mit den Händen auf den Kopf tippen.)*
> Begieße mich mit etwas Glück, *(Handbewegung „gießen" machen.)*
> denn davon brauch ich schon ein Stück. *(Handflächen parallel halten und ein Stück anzeigen.)*
> Wenn ich's dann hab, dann bin ich heiter, *(Hände auf das Herz legen.)*
> und gebe auch ein Stückchen weiter. *(Eine Hand auf den Rücken des Nachbarkindes legen.)*
> Denn jeder soll mal glücklich sein, *(Lächeln und das Nachbarkind umarmen.)*
> dann ist das Leben richtig fein! *(Daumen hoch halten.)*

Entspannungsspiele zur Körperwahrnehmung

Entspannt lebt es sich leichter! Unsere Kinder wachsen in einer Zeit auf, die von schnellen Abläufen, Hektik, Stress und Reizüberflutung geprägt ist. Körper und Geist werden dabei belastet, was Angst oder psychische Anspannung zur Folge haben kann. Übermäßiger Stress zeigt sich häufig durch folgende Symptome: Unruhe, Konzentrationsstörungen, Magen- oder Darmstörungen, Kopfschmerzen, Nervosität, Schlaflosigkeit usw. Auch Kinder sind davon häufig betroffen. Schaffen Sie deshalb im Alltag immer wieder Inseln der Ruhe für die Kinder!

Lassen Sie Entspannungsübungen ungezwungen im Alltag einfließen. Eine spielerische Herangehensweise ist von großer Bedeutung, um die Kinder mitzureißen und zu motivieren.

Maßgeblich für eine gezielte Entspannung ist eine gesunde Wechselwirkung von Anspannung und Entspannung. Bewegungs- und Ruhephasen sollten ausgeglichen stattfinden. Im folgenden Kapitel entdecken Sie eine Vielzahl an einfachen Entspannungsübungen, die sich ohne großen Aufwand mit den Kindern umsetzen lassen.

Auch die Macht der Gedanken und des Denkens ist nicht zu unterschätzen! Denken wir bewusst an etwas Angenehmes, Wohltuendes oder Schönes, wirkt sich das positiv auf Körper und Seele aus. In negativen Gedanken verliert man sich oft und kann seine Konzentration nur schwer wieder auf das Positive lenken.

Mit einfachen Übungen fällt es den Kindern leicht, an schöne Dinge des Lebens zu denken und darin Kraft zu schöpfen. Zeigen Sie selbst Mut, um sich auch für solche Angebote gezielt Zeit zu nehmen. Sie werden sehen, dass es sich für alle lohnt!

Meine Schutzhülle

Alter: 4–6 Jahre   **Gruppenstärke:** 2 Kinder

Das brauchen Sie: Matte, Decke, Gymnastikball, Legematerialien (Naturmaterialien, Federn, Glassteine, Chiffontücher, bunte Tonpapierstreifen …), Entspannungs-CD, Fotoapparat

Lernbereich: Körperwahrnehmung und Körperbewusstsein, Schutz und Geborgenheit fühlen, Selbstbewusstsein

So geht es:

Sprechen Sie im Vorfeld mit den Kindern über das Gefühl Angst. Wie haben sich die Kinder gefühlt, als sie zuletzt ängstlich waren? Jeder von uns war gewiss schon einmal in der Situation, wo er sich vor Angst oder Unsicherheit am liebsten irgendwo versteckt hätte. Dieses Versteck wirkte vielleicht wie eine schützende Zone, die einen vor der Angst ein bisschen abgrenzt. So ein sicherer Bereich lässt sich in Form einer gefühlten und sichtbaren „Schutzhülle" für die Kinder darstellen. Bereiten Sie in einem ruhigen Bereich eine Matte vor und legen Sie eine Decke darüber. Stellen Sie ebenso Legematerialien und einen CD-Spieler mit Entspannungsmusik bereit. Schon kann es losgehen! Ein Kind legt sich mit dem Rücken auf die Decke, das andere Kind kniet mit einem Gymnastikball daneben. Sprechen Sie im ersten Schritt mit ruhiger Stimme einige Worte zum Ankommen zu dem liegenden Kind, wie z. B. „Du liegst nun ganz ruhig und entspannt auf deiner Decke. Du spürst deinen ganzen Körper, deinen Kopf, deine Schultern, deine Arme, deinen Rücken und die Beine. Du kannst sie ein bisschen in die Decke drücken, um zu fühlen, dass du mit deinem ganzen Körper da bist. Der Untergrund ist warm und weich. Du fühlst dich wohl und sicher. Wenn du magst, kannst du auch deine Augen schließen. Dein Freund oder deine Freundin, der/die neben dir sitzt, wird heute für dich eine schützende Hülle gestalten, die dir gut tut und wo du dich entspannt und sicher fühlst." Nun beginnt das Kind mit dem Ball rund um den Körper des liegenden Kindes vorsichtig und langsam zu rollen, so, dass es diesen gut wahrnehmen und spüren kann. Im Hintergrund kann nun eine entspannende Musik laufen, die für ruhige Atmosphäre sorgt. Als nächstes wird der Ball zur Seite gelegt und mit dem Legematerial eine sichtbare Schutzhülle rund um das Kind gelegt. Das handelnde Kind kann es dem liegenden Kind mit folgenden Worten kurz ankündigen: „Ich lege nun eine Schutzhülle rund um dich. Du kannst die Augen noch geschlossen halten, ich sag es dir, wenn ich damit fertig bin." Auch hier ist es wichtig, dass die ruhige, entspannte Atmosphäre aufrecht erhalten bleibt. Wurde die Schutzhülle fertig gestaltet, kann das liegende

Kind einmal vorsichtig die Augen öffnen und langsam um sich blicken. Vielleicht entdeckt es etwas, das ihm besonders gefällt. Danach kann das Kind auch einmal ganz bewusst wahrnehmen, wie es sich in der Schutzhülle anfühlt. Ist es ein angenehmes Gefühl? Das liegende Kind darf danach selbst bestimmen, wann es sich bereit fühlt, seine Schutzhülle zu verlassen und diese einmal von außen zu betrachten. Diese Schutzhülle wird natürlich nicht immer real zur Verfügung stehen. Allerdings kann man sie fest in seine Gedanken schließen. Zur Veranschaulichung wird ein Foto von der Schutzhülle gemacht und wenn diese von den Kindern gebraucht wird, können sie das Foto ansehen und sich gedanklich hineinversetzen. Bestimmt spüren sie das schützende Gefühl, das gleichzeitig Geborgenheit vermittelt, dann wieder.

48 Energietankstelle

Alter: 4–6 Jahre   **Gruppenstärke:** 3–4 Kinder

Das brauchen Sie: Wasserglas für jedes Kind, Krug mit frischem Wasser, Igel-Massageball, Glocke, Kissen

Lernbereich: Körperwahrnehmung, Konzentration, Empathie

So geht es:

Richten Sie mit den Kindern in der Gruppe eine Energietankstelle in einem ruhigen Bereich ein. Stellen Sie dafür auf einem kleinen Tisch oder einer Kommode einen Krug mit Wasser und Gläser bereit. Breiten Sie am Boden eine Decke aus und legen Sie ein paar Kissen dazu. Stellen Sie ebenso einen Igel-Massageball bereit. Eine Glocke, die später als Signal dient, soll ebenfalls dort platziert werden. Sprechen Sie mit den Kindern darüber, wie es sich anfühlt, wenn man kraft- und energielos ist und lassen Sie sie auch überlegen, was man dagegen tun könnte. Danach wird die Energietankstelle vorgestellt. Ein Kind wird jede Woche neu bestimmt, das die Energietankstelle als Tankwart betreut. Fühlt sich ein Kind der Gruppe kraft- oder energielos, so läutet es mit dem Glöckchen bei der Energietankstelle. Hat es geläutet, kommt der Tankwart und hilft dem Kind dabei, neue Energie aufzutanken. Dafür legt sich das Kind auf die Decke und wird mit dem Igel-Massageball vorsichtig am Rücken, an Armen und Beinen und am Bauch massiert. Nach der Massage- und Ruhephase trinkt das Kind ein Glas Wasser und schon hat es wieder neue Kraft und Energie bekommen.

(49) Beruhigende Steinbilder

Alter: 4–6 Jahre   **Gruppenstärke:** 4–6 Kinder

Das brauchen Sie: Matten oder Decken, CD mit Entspannungsmusik, Glasnuggets, Fotoapparat

Lernbereich: Körperwahrnehmung, gegenseitige Achtung und Wertschätzung, Konzentration

So geht es:

Die Kinder bilden Paare. Ein Kind legt sich mit dem Bauch auf eine Matte oder Decke. Das andere Kind kniet daneben und legt mit bunten Glasnuggets ein Kraftbild, wie beispielsweise eine Sonne, einen Regenbogen, ein Herz, auf den Rücken des Partners. Wurde das Bild fertig gelegt, kann noch ein Wunsch ausgesprochen werden, wie z. B. „Ich wünsche dir viel Sonnenkraft!" Vielleicht haben auch die Kinder selbst einen Symbolwunsch, dann wird dieser berücksichtigt. Spielt zudem im Hintergrund eine CD mit Entspannungsmusik, entsteht eine ruhige, besinnliche Atmosphäre. Zuletzt kann ein Foto vom Kraftrückenbild gemacht und dieses im Anschluss dem Kind gezeigt werden.

(50) Mut- und Energieatmung

Alter: 4–6 Jahre   **Gruppenstärke:** 3–4 Kinder

Das brauchen Sie: gefüllte Säckchen (Glitter, ausgestanzte Herzen, Watte mit einigen Tropfen ätherischem Öl, Schmucksteine …), Decken oder Matten

Lernbereich: gezielte, richtige Bauchatmung, Entspannung, Konzentration

So geht es:

Legen Sie in einem ruhigen Raum Matten oder Decken auf den Boden. Die Kinder legen sich auf den Rücken. Anschließend erzählen Sie den Kindern, dass sie heute mithilfe eines Zaubersäckchens Kraft und Energie in ihren Körper atmen. Das Säckchen mit dem zauberhaften Inhalt wird nach dem Betrachten und Riechen jedem Kind auf den Bauch gelegt. Nun atmen die Kinder über die Nase in den Bauch hinein. Dabei bewegt sich das Säckchen aufwärts. Wenn die Kinder über ihren Mund ausatmen, bewegt sich das Säckchen wieder abwärts. Diese Übung unterstützt die Kinder beim Ausführen einer richtigen Bauchatmung und versorgt den Körper dadurch mit ausreichend Sauerstoff. Lassen Sie die Kinder einige Male diese bewusste Bauchatmung durchführen. Das Kraftsäckchen können die Kinder mit nach Hause nehmen, um beispielsweise auch vor dem Einschlafen diese entspannende Atemübung durchzuführen.

51 Bunter Kraft-Regenbogen

Alter: 4–6 Jahre   **Gruppenstärke:** max. 6 Kinder

Das brauchen Sie: Glas für jedes Kind, Krug mit Wasser, Wasserfarben, Pinsel

Lernbereich: Konzentration, Entspannung, Kreativität

So geht es:

Stellen Sie den Kindern einen Wasserkrug, sechs Gläser und Wasserfarben (in den Farben Blau, Gelb, Violett, Rot, Orange und Grün) zur Verfügung. Nun können die Kinder ein buntes, beruhigendes Regenbogenwasserspektakel veranstalten. Vorab füllt immer ein Kind Wasser in ein Glas. Nun wählt es eine Farbe aus den Wasserfarben aus und mischt die Farbe mit dem Pinsel ins Wasser. Zunehmend färbt sich dieses immer mehr in der gewünschten Farbe. Die Kinder beobachten, wie die Farbe im Wasser immer intensiver wird. Nach der Reihe färben sie alle Wassergläser in einer anderen Farbe. Zum Schluss ist ein Regenbogen entstanden, den man auf eine Fensterbank stellen kann. Allein schon durch das Betrachten entsteht eine angenehme, ruhige Stimmung und die Kinder können ihre Seele dabei baumeln lassen. Bestimmt kann man mit den bunten Farben dieses Regenbogens auch wieder Kraft für den Alltag tanken. Vielleicht hat ein Kind eine Lieblingsfarbe und möchte diese an einen besonderen Platz stellen.

Tipp:

Die Kinder könnten die Farbgläser auch mit einer Taschenlampe beleuchten. Die bunte Leuchtkraft wird dadurch noch intensiver! Wer möchte, kann sich auch ein Regenbogentaschentuch gestalten, indem er über eine Pipette ein paar bunte Wassertropfen auf das Taschentuch tropft.

52 Lustige Roll-Drückmassage

Alter: 4–6 Jahre   **Gruppenstärke:** 2–4 Kinder

Das brauchen Sie: Matten und Decken

Lernbereich: Körperwahrnehmung, Empathie, Entspannung

So geht es:

Bei dieser Roll-Drückmassage wird man so richtig durchgeknetet! Dafür benötigen Sie einen ruhigen Raum, eine weiche Matte und eine Decke. Legen Sie zunächst die Matte auf den Boden und darauf eine Decke. Ein Kind legt sich nun auf die Decke und wird in diese eingewickelt. Der Kopf bleibt frei. Ein anderes Kind rollt das Kind mit beiden Händen mit einem leichten Druck hin und her. Dabei wird genau beobachtet, ob es dem Partner gut geht und es ihm auch gefällt.

53 Entspannungsfußbad

Alter: 4–6 Jahre   **Gruppenstärke:** 2 Kinder

Das brauchen Sie: Handtuch, Waschschüssel mit lauwarmem Wasser, Stuhl, Fußcreme, ätherisches Öl oder Lavendel- oder Rosenblüten, kleinen Badeschwamm

Lernbereich: Körperwahrnehmung, Empathie, Entspannung

So geht es:

Ein Entspannungsfußbad, bei dem die Füße und Beine einmal so richtig entspannen können, ist eine feine, wohltuende Sache! Suchen Sie für diese Übung einen geeigneten Platz aus, der viel Ruhe bietet. Bereiten Sie mit den Kindern in einer Waschschüssel lauwarmes Wasser vor und geben Sie zwei bis drei Tropfen hochwertiges ätherisches Öl dazu. Wer möchte, kann auch getrocknete Lavendel- oder Rosenblüten ins Wasser legen. Nun darf ein Kind, das gern das Fußbad genießen möchte, auf einem Stuhl Platz nehmen. Die Waschschüssel wird auf ein Handtuch vor den Stuhl gestellt und das Kind testet vorerst, ob die Wassertemperatur auch angenehm ist, und kann danach vorsichtig seine Füße ins Wasserbad stellen. Das andere Kind massiert vorsichtig mit den Händen oder einem kleinen Badeschwamm die Füße des Partners im Wasser. Diese Übung soll mit sehr viel Ruhe ausgeführt werden und dem Kind, welches das Fußbad genießt, Momente der Entspannung schenken. Ist das Fußbad beendet, werden die Füße der Kinder mit einem Handtuch abgetrocknet. Wer möchte, kann dann eine sanfte und besonders hautverträgliche Fußcreme aufgetragen bekommen.

Tipp:

Bitte berücksichtigen Sie, dass manche Kinder sehr kitzelig sind und vielleicht nicht an den Füßen massiert bzw. eingecremt werden möchten.

54 Im Wald – Mitmachgeschichte zur progressiven Muskelrelaxation

Alter: 4–6 Jahre   **Gruppenstärke:** 5–6 Kinder

Das brauchen Sie: blaues Chiffontuch

Lernbereich: gezielte An- und Entspannung einzelner Muskelgruppen, Entspannung, Konzentration

So geht es:

Progressive Muskelrelaxation ist eine gute Methode, um eine bewusste körperliche Entspannung zu erleben. Durch den gezielten Wechsel von An- und Entspannung verschiedener Muskelgruppen wird der Entspannungszustand intensiver erlebt.

Sprechen Sie vorab mit den Kindern darüber, wie man als Baum seine Wurzeln in der Erde verankern könnte, wenn der Wind oder Sturm kommt. Man drückt die Füße dabei fest in den Boden und spannt kräftig die Unter- und Oberschenkel sowie die Gesäß- und Bauchmuskulatur an. Die Kinder sollen dies vorab versuchen. Es ist wichtig, dass sie die Spannung für maximal drei bis vier Sekunden halten und danach wieder lockern. Während des Haltens der Spannung atmen die Kinder bewusst und ruhig in den Bauch. Die Kinder suchen sich in einem großen Raum (am besten im Bewegungsraum) einen Platz, auf dem sie gern als Baum verwurzelt sein möchten. Ein Kind schlüpft in die Rolle des Sturms und hält ein blaues Chiffontuch in der Hand, mit dem es die Kinder im Laufe der Geschichte berührt. Erzählen Sie nun die folgende Mitmachgeschichte und die Kinder führen die entsprechenden Bewegungen aus.

99 Es ist früh am Morgen und im Wald wird es allmählich hell. Ein neuer Tag beginnt. *(Die Kinder halten die Augen geschlossen.)*

Die Sonne weckt mit ihren zarten Strahlen alle Bäume, Blumen und Tiere auf. *(Die Augen öffnen.)*

Eine ganz leichte Brise ist zwischen den warmen Sonnenstrahlen zu spüren. *(Die Bäume schaukeln vorsichtig hin und her und das „Windkind" mit dem Chiffontuch berührt ganz zart die „Bäume".)*

Auch die Vögel sind schon wach und beleben den Wald hörbar mit hellem Gezwitscher.

So mancher Vogel möchte sich auf einem Ast des Baumes ausruhen. *(Die Kinder strecken die Hände zur Seite und lassen sie nach einer Zeit wieder sinken.)*

Ein Vogel hat ganz oben im Baumwipfel ein Nest gebaut. *(Mit einer Hand den Kopf kraulen.)*

Doch im Laufe des Tages wird die warme, helle Sonne von einigen dunklen Wolken verdeckt.

Mit den Wolken kommt auch der Wind. *(Das Kind mit dem Chiffontuch geht durch den Raum und berührt jedes Kind.)*

Der Wind wird immer kräftiger und die Wurzeln der Bäume müssen sich anstrengen, um den schweren, kräftigen Baum im Boden zu verankern. *(Das „Windkind" wirbelt das Chiffontuch nun für ca. vier Sekunden vor jedem Kind einzeln im Kreis. Solange versucht das „Baumkind", seine Oberschenkel, seine Unterschenkel und die Pobacken anzuspannen. Zieht das „Windkind" weiter, lässt es die Spannung wieder los und atmet ruhig weiter.)*

Plötzlich weht ein richtiger Sturm. *(Das „Windkind" läuft von „Baumkind" zu „Baumkind" und die Bäume spannen erneut ihre Muskeln an.)*

Nach einiger Zeit wird der Himmel wieder heller. Die Wolken ziehen weiter und die Sonne kommt mit ihren warmen Strahlen wieder hervor und wärmt die Bäume. *(Die „Baumkinder" streichen mit ihren Armen über ihren Körper.)*

Die Bäume sind richtig erschöpft von diesem Sturm und ruhen sich entspannt aus. *(Die Kinder schließen die Augen.)*

Erleichtert atmen die Bäume durch, tanken die frische Waldluft und sind froh, dass ihre Wurzeln sie auch bei diesem schweren Sturm tragen konnten. *(Die Kinder atmen tief durch die Nase ein und durch den Mund wieder aus.)* 66

Danach lockern die Kinder ihren ganzen Körper, indem sie Arme und Beine ausschütteln, und kehren auch gedanklich wieder als „Kinder" zurück.

55 Schwebende Federn

Alter: 4–6 Jahre   **Gruppenstärke:** 3–4 Kinder

Das brauchen Sie: bunte Federn, buntes Tonpapier DIN A4

Lernbereich: Konzentration, Entspannung, Ruhe

So geht es:

Bunte Tonpapierblätter in den Farben Gelb, Blau, Rot, Grün, Pink, Weiß und Schwarz werden am Boden nebeneinander gelegt. In denselben Farben werden mehrere bunte Federn in einem kleinen Behälter bereitgestellt. Die Kinder setzen sich nun in den Kreis und suchen sich eine bunte Feder aus. Haben sie sich beispielsweise für eine gelbe Feder entschieden, so legen sie diese auf ihre Hand und versuchen sie von dort aus auf den gelben Karton zu pusten. Dieses Spiel ermöglicht den Kindern eine sanfte, bunte Auszeit vom Alltag.

56 Positive Gedanken speichern

Alter: 4–6 Jahre   **Gruppenstärke:** 6–8 Kinder

Lernbereich: positives Selbstwertgefühl, Selbstvertrauen, Konzentration

So geht es:

Nichts ist wohltuender für unsere Seele, als neue, positive Gedanken im Gedächtnis abzuspeichern, denn das gibt uns Kraft und Mut für neue Herausforderungen. Machen Sie diese Übung des positiven Gedanken-Speicherns zum Ritual für Ihre Gruppe. Es bietet sich wunderbar beispielsweise im Morgenkreis als Stille-Übung an. Die Kinder überlegen sich im Kreis, an welches schöne Erlebnis sie sich erinnern können, das sie besonders erfreute. Wer möchte, kann auch davon in der Runde erzählen. Danach halten die Kinder ihren Gedanken symbolisch fest, indem sie ganz intensiv daran denken. Damit dieser schöne Gedanke nicht verloren geht, wird er anschließend abgespeichert. Dafür gibt es einen speziellen Speicherhandgriff: Die Kinder greifen mit beiden Zeige- und Mittelfingern an ihre Schläfen und massieren diese, während sie an ihr schönes Erlebnis denken. Wer möchte, kann auch die Augen schließen. Diese Übung kann auch ganz besonders in angstbesetzten Situationen hilfreich sein.

57 Herzspuren

Alter: 4–6 Jahre   **Gruppenstärke:** 3–4 Kinder

Das brauchen Sie: Karton oder Holzspanplatte, Kordel, Heißkleber, Murmel

Lernbereich: Konzentration, Selbstvertrauen, Ruhe

So geht es:

Um dieses Spiel herzustellen, benötigt man zunächst einen stärkeren Karton oder ein Holzspanplatte. Darauf werden mithilfe eines Bleistifts die Umrisse eines größeren, äußeren Herzes skizziert und in drei Zentimetern Abstand zur großen Herzskizze ein innen gelegenes, kleineres Herz aufgemalt. Entlang dieser skizzierten Herzumrisse nun mit einem Heißkleber eine etwas dickere Kordel aufkleben. In diesem Zwischenraum können die Kinder nun eine Murmel rollen lassen und damit in der Herzform entlang rollen. Diese Übung ist sehr hilfreich, um zu neuer Konzentration, Energie und Aufmerksamkeit zu gelangen.

58 Rücken an Rücken, das kann entzücken!

Alter: 4–6 Jahre   **Gruppenstärke:** 4–6 Kinder

Lernbereich: Körperwahrnehmung, Konzentration, Empathie, Gleichgewicht

So geht es:

Sich an jemanden anlehnen bzw. bei jemandem Halt finden, ist etwas sehr Wohltuendes. Lassen Sie die Kinder einmal bewusst spüren, wie sich das anfühlt. Dafür bilden sie Paare und setzen sich so aneinander, dass sie Rücken an Rücken sitzen und sich diese berühren. Die Kinder sollen sich in dieser Position so richtig gut gegenseitig spüren können. Wer möchte, kann auch die Augen schließen und in dieser angenehmen, gestützten und sicheren Sitzposition verweilen. Als nächstes versuchen die Kinder, gemeinsam in dieser Position, Rücken an Rücken, aufzustehen und durch den Raum zu gehen.

59 Lichtwegen folgen

Alter: 4–6 Jahre   **Gruppenstärke:** 3–4 Kinder

Das brauchen Sie: Taschenlampe

Lernbereich: visuelle Wahrnehmung, Konzentration, Selbstvertrauen, Mut

So geht es:

Lichtblicke helfen uns aus dem Dunkel heraus, geben uns wieder Zuversicht und Hoffnung. Allerdings muss man auch den Mut fassen, um sich auf neue Lichtwege einzulassen. Folgende Konzentrationsübung kann das sehr schön verdeutlichen. Dunkeln Sie dafür einen großen Raum (am besten den Bewegungsraum) gut ab. Leuchten Sie danach mit der Taschenlampe auf den Boden und zeichnen Sie auf diese Weise einen langsamen Lichtweg auf, welchem ein Kind folgt. Konzentration und visuelle Wahrnehmung sind nun gefordert, sowie der Mut, dem vorgegebenen Lichtweg zu folgen.

60 Bewegungsdirigent

Alter: 4–6 Jahre   **Gruppenstärke:** 6–8 Kinder

Lernbereich: Konzentration, Körperwahrnehmung, Reaktion

So geht es:

Dieses Spiel spielt man am besten im Bewegungsraum. Ein Kind wird zum Bewegungsdirigent bestimmt. Dieser zeigt über Handzeichen an, wie sich die Kinder bewegen sollen. Streckt er beide Arme zur Seite, bedeutet dies, dass sich die Kinder schnell bewegen, z. B. laufen. Wandern die Arme Richtung Kopf hinauf, zeigt dies eine langsamere Bewegung an (z. B. langsam laufen, gehen). Berühren sich die Hände über dem Kopf, so heißt das stehenbleiben und die Augen schließen. Klatscht der Bewegungsdirigent, geht es weiter. Aufmerksamkeit und Konzentration sind nun gefordert. Die Rolle des Bewegungsdirigenten wird nach einiger Zeit getauscht.

61 Unter Strom

Alter: 4–6 Jahre   **Gruppenstärke:** 6–8 Kinder

Das brauchen Sie: Triangel oder anderes Signal-Instrument

Lernbereich: Körperwahrnehmung, bewusste An- und Entspannung der Muskulatur, Konzentration, Reaktion

So geht es:

Manchmal ist man so mit Energie geladen, dass man förmlich „unter Strom steht". Bei folgender Übung können die Kinder das so richtig spüren und nach der „Entladung" ein angenehmes Gefühl der Entspannung für sich selbst entdecken. Dazu bewegen sich die Kinder in freien, beliebigen Bewegungsmustern durch den Raum. Auf das Signal „Unter Strom!" bleiben die Kinder stehen und versuchen ihre Muskeln ganz fest anzuspannen. Dabei drücken sie die Pobacken fest aneinander, spannen die Unter- und Oberschenkel an, drücken ihre Füße ganz fest in den Boden, spannen den Bauch an und ballen die Hände zu einer Faust. Diese Spannung wird max. drei bis vier Sekunden gehalten. Auf ein Signal (z. B. Triangel) gehen die Kinder weiter und lockern ihre Muskulatur beim Gehen wieder und warten auf die nächsten Signalwörter.

62 Ich packe meinen Rucksack mit Glück

Alter: 4–6 Jahre   **Gruppenstärke:** 6–8 Kinder

Das brauchen Sie: Rucksack, Papier, Stift

Lernbereich: Selbstvertrauen, Mut, Empathie

So geht es:

Damit die Kinder gemeinsam den Glücksrucksack packen können, setzen sie sich zunächst in den Kreis. Führen Sie vorab mit den Kindern ein Gespräch darüber, welche Dinge im Leben glücklich machen, die nicht materieller Natur sind. Anschließend wandert ein Rucksack von Kind zu Kind und jedes überlegt sich schöne Gedanken, die es in den Rucksack packen möchte. Z. B.: In meinen Rucksack packe ich ganz viele warme Sonnenstrahlen. Oder: In den Rucksack kommen lauter Liebesherzen für mich und meine Freunde. Die Erzieherin schreibt dies auf Zettelchen und die Kinder packen ihre guten Gedanken nach der Reihe in den Rucksack. Gewiss sind die Kinder beim

Sammeln von positiven Rucksackinhalten sehr kreativ. Und wenn man einmal traurig oder mutlos ist, kann man sich einen schönen Gedanken aus diesem Rucksack nehmen, sich diesen vorlesen lassen und so wieder zu neuem Mut finden.

(63) Wärme spüren

Alter: 4–6 Jahre   **Gruppenstärke:** 3–4 Kinder

Das brauchen Sie: Wärmeflasche mit lauwarmen Wasser, Decke oder Matte

Lernbereich: Körperwahrnehmung, Entspannung, Konzentration

So geht es:

Es ist ein angenehmes Gefühl, Wärme zu bekommen und zu spüren! Bereiten Sie eine Wärmeflasche mit warmem (nicht zu heißem) Wasser vor. Ein Kind kann nun diese Wärme auf dem Körper ganz bewusst spüren. Dafür legt es sich auf eine vorbereitete Decke (in Rücken- oder Bauchlage) und schließt die Augen. Legen Sie nun dem Kind auf eine Körperstelle sanft und vorsichtig die Wärmeflasche auf, z. B. auf die Füße. Sprechen Sie nun langsam und leise beruhigende Worte: „Die Wärme sollst du nun spüren. Sie soll dir gut tun. Vielleicht kannst du erraten, an welcher Körperstelle du gerade gewärmt wirst …" Es ist wichtig, dass man die Kinder fragt, ob es für sie angenehm ist. Danach kann die Wärmeflasche das Kind auch an anderen Körperstellen wärmen.

Kooperative Partner- und Gruppenspiele

Es ist ein schönes, angenehmes Gefühl zu wissen, dass man jemanden, einen Freund oder eine Freundin, an seiner Seite hat, auf den/die man sich verlassen kann. Gerade in schwierigen, vielleicht angst- oder sorgenbesetzten Lebenslagen braucht man jemanden, der einem Halt gibt und den Rücken freihält. Sich in dieser Sicherheit zu wissen, nimmt bereits einen Teil der Sorgen oder Ängste. Damit man sich aufeinander verlassen kann, muss vorab gegenseitiges Vertrauen aufgebaut werden.

Mit den folgenden kooperativen Partner- und Gruppenspielen können Sie genau diesen Vertrauensaufbau Ihrer Kinder fördern und unterstützen. Die bunten Spielimpulse bereiten nicht nur Freude, sie fokussieren vor allem den achtsamen und wertschätzenden Umgang miteinander. Ob bei kraftspendenden Echorufen oder beim gegenseitigen Freude-Zuspielen – die Kinder erfahren spielerisch die Kostbarkeit eines respektvollen Miteinanders.

„Ich wollte dir immer schon sagen, wie toll ich dich finde!" – auch für solche Gesten der gegenseitigen Wertschätzung sollte im Alltag Platz sein. In lustigen Spielen fällt es den Kindern leicht, sich achtsame, bestärkende Worte zuzusprechen. Doch im Alltag kann es neben dem positiven, harmonischen Zusammenleben auch mal Konfliktpunkte oder Meinungsverschiedenheiten geben. Im Kinderparlament werden Regeln erarbeitet, wie man an Konflikte konstruktiv herangehen kann, ohne jemanden dabei zu verletzen.

Eine Kita-Gruppe besteht aus vielen unterschiedlichen, individuellen Persönlichkeiten. Machen Sie den Kindern diese Verschiedenheit schmackhaft. Voneinander und miteinander lernen stellt ein gutes Fundament für eine gesunde Entwicklung und Entfaltung jedes Einzelnen dar.

64 Kraftspendende Echorufe

Alter: 4–6 Jahre   **Gruppenstärke:** 2 Kinder

Das brauchen Sie: 2 Pappröhren, Fingerfarbe

Lernbereich: gegenseitige Achtung und Wertschätzung, Sprache, akustische Wahrnehmung

So geht es:

Gestalten Sie zunächst ein Sprachrohr. Stellen Sie den Kindern eine Pappröhre zur Verfügung. Um den Röhren ein ansprechenderes Aussehen zu verleihen, könnten diese im Vorfeld beispielsweise mit Fingerfarben bemalt werden. Erzählen Sie den Kindern, dass es sich hierbei um ein ganz besonderes Sprachrohr handelt: Wenn jemand etwas hineinspricht, kommen dieselben Worte von einem anderen Kind durch die zweite Röhre wieder zurück, wie ein Echo. Das Besondere daran ist, dass diese Röhren kraftspendende Echos geben. Zeigen Sie es den Kindern: Sprechen Sie positive Worte durch ein Sprachrohr und ermutigen Sie das Kind, das Ihnen gegenüber sitzt, Ihre Worte durch das Sprachrohr laut zu wiederholen. Tätigen Sie kurze, positive Aussprüche wie z. B. „Ich fühle mich gut! Alle mögen mich! Ich kann ganz viel! Ich bin wunderbar!" Nun rufen sich die Kinder gegenseitig Kraftechorufe zu. Bestimmt hat dieses Spiel neben jeder Menge Spaß eine sehr wohltuende Wirkung auf das Selbstbewusstsein und Selbstwertgefühl der Kinder.

65 Vertrauenspfad

Alter: 5–6 Jahre   **Gruppenstärke:** 2 Kinder

Das brauchen Sie: Decken, Matten, Reifen, Seile, Augenbinde

Lernbereich: achtsamer Umgang, motorische Geschicklichkeit, Vertrauensaufbau

So geht es:

Es ist schön, wenn man einen Freund oder eine Freundin hat, dem/der man gut vertrauen kann.

Bereiten Sie einen Parcours mit einigen Stationen zum Durchqueren im Bewegungsraum vor. Achten Sie jedoch darauf, dass die Stationen bodennah sind. Nun bilden die Kinder Paare. Einem Kind werden die Augen mit einer Augenbinde oder einem Tuch verbunden. Das andere Kind führt das „blinde" Kind an der Hand und durchquert mit ihm den Hindernisparcours. Wichtig ist, dass die Kinder auch miteinander kommunizieren und das führende Kind das andere Kind auf etwas Neues verbal vorbereitet, z.B. „Achtung, nun musst du deine Beine höher heben, wir steigen auf eine Matte …". Nach dem Durchgang spricht das geführte Kind darüber, wie es ihm ergangen ist. War es schwierig oder einfach, dem Partner zu vertrauen?

66 Kraftgeflüster

Alter: 4–6 Jahre   **Gruppenstärke:** 6–8 Kinder

Lernbereich: auditive Wahrnehmung, Sprache, Konzentration

So geht es:

Das folgende Spiel wird ebenso wie „Stille Post" gespielt. Die Kinder sitzen im Kreis und flüstern sich linksum positive Worte ins Ohr. Beginnen Sie das Spiel und überlegen Sie sich ein Wort, z.B. Glück, Hoffnung, Liebe, Mut, Freude … Nun flüstern die Kinder das Wort so lange weiter, bis es zum letzten Kind durchgedrungen ist. Dieses sagt das Wort dann ganz laut. Ob es auch das richtige Kraftwort war?

67 So fühl' ich mich gerade

Alter: 4–6 Jahre   **Gruppenstärke:** 3–4 Kinder

Das brauchen Sie: weißes Tonpapier DIN A5, Wasserfarben, Pinsel

Lernbereich: gegenseitige Akzeptanz, Selbstbewusstsein, Empathie, Gefühle ausdrücken lernen

So geht es:

Die Gefühlswelt kann ganz schön bunt sein und jedes Gefühl hat seine eigene Farbe! Lassen Sie die Kinder auf weißem Tonpapier ihre unterschiedlichen Gefühle mit Wasserfarben in den für sie passenden Farben aufmalen. Sprechen Sie vorab mit den Kindern über die verschiedenen Gefühlsstimmungen. Danach überlegen sich die Kinder, welches Gefühl sie mit welcher Farbe ausdrücken möchten und bemalen die weißen Kärtchen ganz nach Belieben mit der gewünschten Farbe. Vielleicht wurde dem Gefühl „Wut" die Farbe Rot zugeordnet und es werden auf ihrem Kärtchen rote Blitze aufgemalt. Die Gefühlskarte „Freude" verbindet man zum Beispiel einer gelben Farbe mit einer gelben Sonne als Symbol. Jedes Kind sollte fünf Karten zu folgenden Gefühlen gestalten: Glück, Angst, Wut, Freude, Trauer.

Tipp:

Diese Gefühlskarten können beispielsweise bei einer Befindlichkeitsrunde im Morgenkreis hilfreich sein, wenn über die momentane Gefühlslage gesprochen wird. Dann können die Kinder ihren momentanen Gefühlszustand durch das Hochhalten der entsprechenden Karte beschreiben und ihr Gefühl auf diese Weise den anderen mitteilen.

68 Achtung, Richtungswechsel!

Alter: 4–6 Jahre   **Gruppenstärke:** 6–8 Kinder

Lernbereich: Motorik, achtsamer Umgang, Konzentration und Reaktion, gegenseitige Beobachtung

So geht es:

Dieses Spiel verlangt Beobachtungsgabe und eine große Portion Einfühlungsvermögen. Die Kinder gehen dafür paarweise zusammen. Ein Kind gibt die Richtung an. Das andere Kind folgt ihm auf Schritt und Tritt. Aber Achtung! Die Richtung wird vom Ansager manchmal blitzschnell und unerwartet gewechselt. Dieses Spiel sensibilisiert die Kinder dafür, andere gezielt zu beobachten und die unterschiedlichen Bedürfnisse, in diesem Fall die Richtungsänderung, wahrzunehmen. Spannend wird es auch, wenn sich zu dem Richtungswechsel auch das Bewegungsmuster ändert, von gehen zu laufen, hüpfen, auf allen Vieren kriechen …

69 Freude zuspielen

Alter: 4–6 Jahre   **Gruppenstärke:** 5–6 Kinder

Das brauchen Sie: zwei Lineale (20 cm), rund Bierdeckel, größeren Tisch, weißes Papier, Fasermaler, Kleber

Lernbereich: Reaktion und Konzentration, Freude am Miteinander

So geht es:

Bekleben Sie vorab einen Bierdeckel mit weißem Papier und malen Sie auf einer Seite mit einem Fasermaler ein lachendes Gesicht auf. Damit der Bierdeckel besser über die Tischplatte gleitet, kann die Unterseite mit Filz beklebt werden. Halten Sie die zwei Lineale bereit. Das Spiel wird auf einem großen Tisch gespielt. Zwei Kinder stehen sich an der Schmalseite des Tisches gegenüber und halten je ein Lineal in der Hand. Der Bierdeckel wird mit dem lachenden Gesicht nun mithilfe des Lineals zwischen den Partnern auf der Tischplatte hin und her gespielt. Auf diese Weise wird das Lächeln oder die Freude immer wieder zugespielt. Die Spieler achten gut darauf, dass der Deckel nicht vom Tisch fällt.

70 Wer ist der Lachmeister?

Alter: 4–6 Jahre   **Gruppenstärke:** 6–8 Kinder

Lernbereich: Konzentration, Beobachtung, Motorik

So geht es:

Im Vorfeld wird ein Detektiv, der den Lachmeister sucht, und ein Kind als Lachmeister bestimmt. Alle Kinder bewegen sich danach in unterschiedlichen Bewegungsmustern (laufen, hüfen, gehen, schleichen, im Galopp …) durch den Raum. Der Lachmeister gibt immer wieder zwischendurch einen lustigen Lachruf von sich. Der Detektiv muss erraten, wer dieser tolle Lachkünstler ist. Hat er es erraten, werden die beiden Rollen an neue Kinder vergeben und das Spiel wird wiederholt.

71 Blickkontakt

Alter: 4–6 Jahre   **Gruppenstärke:** 6–8 Kinder

Das brauchen Sie: Schuhkarton, Cutter

Lernbereich: gegenseitige Achtung und Wertschätzung, Konzentration

So geht es:

Über folgende Übung können die Kinder Wertschätzung und Achtung bewusst erleben. Es bietet sich an, dieses kurze Kontaktspiel im Morgenkreis durchzuführen und vielleicht wird es sogar zu einem Begrüßungsritual. Stellen Sie im Vorfeld einen Blickkasten her. Dafür benötigt man einen Schuhkarton (ohne Deckel). In den Boden der Schachtel wird mittig ein Quadrat (Größe ca. 12 × 12 cm) ausgeschnitten. Danach ist der Blickkasten schon einsatzbereit. Die Kinder sitzen im Kreis. Ein Kind hält den Blickkasten vor sein Gesicht, visiert mit den Augen sein Nachbarkind links von ihm an und spricht ihm ein paar liebe Worte oder Grüße zu. Die Kinder halten dabei Blickkontakt. Danach wird der Blickkasten weitergereicht und das Spiel fortgesetzt. Diese Übung sensibilisiert die Kinder für ein bewusstes, gegenseitiges Wahrnehmen und einen achtsamen, wertschätzenden Umgang miteinander.

72 Gespenster erraten

Alter: 4–6 Jahre   **Gruppenstärke:** 6–8 Kinder

Das brauchen Sie: ein altes weißes Bettlaken

Lernbereich: Wahrnehmung, Konzentration

So geht es:

Schneiden Sie in ein altes Bettlaken drei Löcher für die Augen und die Nase aus. Die Kinder sitzen im Kreis. Ein Kind verlässt den Raum und wartet, bis es hereingebeten wird. Währenddessen schlüpft ein anderes Kind unter das Laken, verwandelt sich in ein Gespenst und gibt ein gespenstisches „Huhuhu!" von sich. Das andere Kind betritt nun den Raum und rät, wer das lustige Gespenst ist. Hat es richtig geraten, wird das Spiel von anderen Kindern fortgesetzt.

73 Rhythmische Antworten

Alter: 4–6 Jahre   **Gruppenstärke:** 2–8 Kinder

Das brauchen Sie: Instrumente für jedes Kind, je zwei von jeder Sorte

Lernbereich: Rhythmusgefühl, Konzentration, auditive Wahrnehmung

So geht es:

Für das Spiel braucht man eine gerade Spieleranzahl von max. 8 Kindern. Ebenso sind vier Instrumente in doppelter Ausführung erforderlich, z. B. Klanghölzer, Handtrommel, Triangel, Rassel … Die Kinder sitzen im Kreis. Nun werden die Instrumente an die Kinder verteilt und diese experimentieren kurz damit. Anschließend spielt immer ein Kind mit einem Instrument ein paar kurze Takte/Klänge. Das andere Kind mit demselben Instrument hört genau hin und versucht diese exakt nachzuspielen. Ein instrumentaler Echoklang entsteht.

74 Halt geben

Alter: 4–6 Jahre   **Gruppenstärke:** 5–6 Kinder

Das brauchen Sie: Handtrommel

Lernbereich: achtsamer, wertschätzender Umgang, Körperwahrnehmung, Motorik

So geht es:

Über das folgende Spiel können sich die Kinder gegenseitig mit einer schönen Geste des „Halt-Gebens" bereichern. Dazu gehen oder laufen die Kinder im Raum. Die Erzieherin kann auch unterschiedliche Fortbewegungsformen mit der Trommel angeben (z. B. Galopp, hüpfen, laufen, schleichen). Ruft die Erzieherin die Signalwörter „Halt geben!", sucht sich jedes Kind ganz schnell einen Partner, welchen es in den Arm nimmt und fest drückt. Beginnt das Trommelspiel, gehen oder laufen die Kinder wieder weiter. Bestimmt schweißt diese Übung die Kinder noch mehr zusammen.

75) Was ist anders?

Alter: 4–6 Jahre   **Gruppenstärke:** 6–8 Kinder

Das brauchen Sie: Kleidungs- und Schmuckstücke, z. B. Halstücher, Hausschuhe, Haarspangen, Ketten …

Lernbereich: Beobachtung und Wahrnehmung, Konzentration

So geht es:

Gegenseitige Wahrnehmung und Beobachtung ist eine wesentliche Grundlage dafür, um auf seine Mitmenschen sensibel eingehen zu können. Folgendes Spiel schult vor allem die visuelle Wahrnehmung der Kinder. Sammeln Sie vorab in einer Kiste unterschiedliche Kleidungs- und Schmuckstücke. Die Kinder sitzen im Kreis und wählen ein Kind aus ihrer Gruppe aus, das für kurze Zeit den Raum verlässt. Währenddessen verkleidet sich ein anderes Kind mit einem Schmuck- oder Kleidungsstück. Nach dieser Veränderung wird dem wartenden Kind ein Signal gegeben (z. B. klatschen), welches es dazu auffordert, wieder in den Gruppenraum zu kommen. Mit einem scharfen Blick durch die Runde versucht das Kind zu erkennen, wer sich durch eine Verkleidung verändert hat.

76) Das Sorgentelefon

Alter: 4–6 Jahre   **Gruppenstärke:** 5–6 Kinder

Das brauchen Sie: zwei leere, gut gereinigte Konservendosen, 2 m Wollschnur, kleiner Bohrer

Lernbereich: akustische Wahrnehmung, Mut, Selbstbewusstsein, Empathie

So geht es:

Für ein Sorgentelefon (Schnurtelefon) bohren Sie in den Boden der beiden Dosen jeweils mittig ein kleines Loch und verknoten Sie je ein Schnurende darin. Gemeinsam wird nun mit den Kindern besprochen, wofür dieses besondere Telefon verwendet werden kann. Damit kann man nämlich Sorgen oder Ängste einem beliebigen Gesprächspartner mitteilen und bestimmt tut es gut, sich bei einem Telefonat so manchen Kummer von der Seele zu sprechen. Manchen Kindern fällt es so leichter, etwas zu erzählen, das ihnen vielleicht am Herzen liegt.

Der Bewunderstuhl

Alter: 4–6 Jahre   **Gruppenstärke:** 6–8 Kinder

Das brauchen Sie: Stuhl, der beliebig geschmückt wird

Lernbereich: achtsamer, wertschätzender Umgang, Selbstbewusstsein, Sprache

So geht es:

Du bist einfach klasse! – Im Alltagstrubel kommen manchmal wertschätzende, achtsame Worte zu kurz und eigentlich wollte man seinem Freund/seiner Freundin schon lange sagen, wie toll man ihn/sie findet. Ein Bewunderstuhl bietet eine gute Gelegenheit, um sich gegenseitig wertschätzenden Zuspruch zu geben. Dafür wird ein Stuhl ausgewählt, der vielleicht vorab besonders geschmückt wird, z.B. mit einem Tuch umwickelt, einem großen Stern beklebt etc. Machen Sie es in Ihrer Gruppe zum Ritual, dass einmal am Tag ein Kind auf dem Bewunderstuhl Platz nimmt. Die anderen Kinder sagen diesem Kind nun nach der Reihe, was sie besonders an ihm mögen und schätzen. Bestimmt ist dieses Spiel eine sehr bereichernde Geste für die Entwicklung und den Ausbau des Selbstbewusstseins der Kinder.

 Fühl-Memo

Alter: 5–6 Jahre   **Gruppenstärke:** 4–5 Kinder

Das brauchen Sie: Augenbinde, Kleidungsstücke oder Schmuckutensilien in doppelter Ausführung, z.B. zwei Mützen, zwei Schals, zwei Handschuhe, zwei lange Ketten, zwei Hüte

Lernbereich: taktile Wahrnehmung, Konzentration

So geht es:

Wer hat etwas mit mir gemein? Bei diesem besonderen Fühl-Memo entwickeln die Kinder wahrhaftig Feingefühl für ihre Gemeinsamkeiten. Für dieses Spiel benötigt man zunächst Kleidungsstücke oder Schmuckutensilien in doppelter Ausführung. Danach wird ein Kind bestimmt, das im Anschluss auf Fühlsuche geht. Dieses Kind wird mit einem Kleidungs- oder Schmuckstück verkleidet. Danach wird ihm eine Augenbinde aufgesetzt. Nun verkleiden sich auch die anderen Kinder mit einem Kleidungs- oder Schmuckstück. Wichtig ist, dass ein Kind das gleiche wie das fühlende Kind trägt, z. B. eine Mütze. Anschließend macht sich das fühlende Kind durch Abtasten der anderen Kinder auf die Suche nach dem richtigen Partner. Wer trägt noch eine Mütze? Hat es eine Mütze ertastet und somit das richtige Kind gefunden, darf es die Augenbinde abnehmen und sich selbst überzeugen. Auf diese Weise kann das Spiel mit vertauschten Rollen weiter fortgesetzt werden.

79 Im Kinderparlament

Alter: 5–6 Jahre   **Gruppenstärke:** 4–5 Kinder

Das brauchen Sie: Papier und Stifte

Lernbereich: achtsamer, respektvoller Umgang, wertschätzende Kommunikation

So geht es:

Es gibt viele Themen, die die Gruppe beschäftigen und man sich gemeinsam an einen Tisch setzen und nach produktiven, gemeinsamen Lösungen suchen muss. Das Kinderparlament bietet eine gute Gelegenheit, um „heiße Themen", beispielsweise Konfliktthemen, die die Gruppe betreffen, in einem geordneten, fairen Rahmen zu besprechen. Gründen Sie dafür gemeinsam mit den Kindern ein Kinderparlament. Im Parlament vertritt jedes Kind (jede Partei) seine eigene Meinung, lässt aber auch die Meinungen anderer zu und gelten.

Erarbeiten Sie vorab mit den Kindern Regeln, welche grundlegend für eine gute, wertschätzende Kommunikation und einen ruhigen Ablauf sind. Zum Beispiel: „Wer die Sprechkarte hat, darf sprechen. Die anderen hören zu und unterbrechen nicht. Jede Meinung ist wichtig, jede Meinung wird angehört. Wir lassen einander ausreden. Jeder darf etwas sagen. Wir suchen nach Lösungen, die für alle gut sind, die jeder annehmen kann." Halten Sie diese Regeln auf einem Plakat schriftlich fest und jedes Kind unterschreibt oder setzt einen Fingerabdruck darunter. Machen Sie mit den Kindern einen Tag aus, an dem eine Kinderparlamentssitzung stattfinden kann. An diesem Tag werden die Tische zusammengerückt und jedes Kind nimmt auf einem Stuhl Platz. Legen Sie die Sprechkarte in die Mitte. Nun werden jene Themen, die sich vielleicht schon angesammelt haben, besprochen. Das können neue gemeinsame Projekte sein, Anschaffungswünsche oder Konflikte, die sich unter der Woche zugetragen haben. Wer die Sprechkarte in die Hand nimmt, hat das Wort. Die Kinder besprechen in Ihrem Beisein die Themen, die sie beschäftigen, und suchen nach einer gemeinsamen Lösung. Sie achten auf einen harmonischen Gesprächsablauf und moderieren, wenn sich ein Kind vielleicht nicht so gut ausdrücken kann. Diese Form der Kommunikation und des Austausches stellt für die Kinder eine große Bereicherung in vielerlei Hinsicht da.

80 Traumwölkchen

Alter: 5–6 Jahre   **Gruppenstärke:** 4–5 Kinder

Das brauchen Sie: weißes Papier, Schere, Buntstifte

Lernbereich: Sprache, achtsamer, wertschätzender Umgang

So geht es:

Jeder hat Träume, die oftmals einen ganz innigen Wunsch verborgen halten. Und weil du mir wichtig bist, möchte ich wissen, wie deine Träume aussehen, oder wie du deine Ziele im Leben definierst. – Damit die Kinder sich ihre Träume gegenseitig verraten können (natürlich nur, wenn sie das auch möchten), stellen Sie den Kindern weiße Traumwolken zur Verfügung. In diese können die Kinder ihre Träume oder Wünsche mit Buntstiften aufmalen. In einer Gesprächsrunde können sich die Kinder, wenn sie möchten, ihre Träume gegenseitig vorstellen und darüber sprechen. Vielleicht hat jemand denselben Traum oder weiß, wie man sich diesen erfüllen kann?

81 Wer ist mein Superstar?

Alter: 5–6 Jahre   **Gruppenstärke:** 4–5 Kinder

Das brauchen Sie: bunte Papiersterne, Passfoto der Kinder

Lernbereich: achtsamer, wertschätzender Umgang, Sprache

So geht es:

Jeder ist ein Superstar, denn jeder kann irgendetwas gut! Doch wer ist mein persönlicher Favorit? Bestimmt gibt es etwas, das uns an einem anderen Menschen besonders gut gefällt.

Laden Sie die Kinder dazu ein, sich Gedanken zu machen, was ihnen an einem Gruppenmitglied besonders gut gefällt. Bereiten Sie vorab Sterne für jedes Kind in der Gruppe vor und kleben Sie ein kleines Foto des jeweiligen Kindes auf jeden Stern. Setzen Sie sich anschließend gemeinsam mit den Kindern in den Kreis und legen Sie die Sterne in die Mitte. Ermutigen Sie die Kinder zu überlegen, was ihnen an einem anderen Kind besonders gut gefällt. Danach kann sich ein Kind einen Stern mit dem Foto jenes Kindes aussuchen, das sein ganz persönlicher Favorit ist und erzählen, was ihm gerade an diesem Kind besonders gut gefällt. Z. B. „Mir gefällt besonders gut an dir, dass du mir am Esstisch immer ein Plätzchen neben dir frei hältst …" Diese Übung vermittelt den Kindern gegenseitige Achtung und Wertschätzung und jeder erfährt irgendwann einmal: Ich werde, so wie ich bin, wertgeschätzt!

Kreativ-Impulse zur Verarbeitung von Ängsten

Das Leben hält eine Vielzahl an Herausforderungen bereit und in viele muss man erst hineinwachsen, um sich diesen erfolgreich stellen zu können. Das braucht Zeit, Geduld und Mut. Bedenken Sie, dass ein wertschätzendes Umfeld die Kinder bestärkt und somit sehr hilfreich ist. Der kreative Ausdruck über Malen oder Gestalten bietet den Kindern die Möglichkeit, ihre Gefühle und Gedanken, Sorgen und Ängste darzustellen und diesen somit eine Gestalt zu verleihen. Nicht immer hat man das Bedürfnis, über Ängste, Sorgen und über Lösungsansätze oder Bewältigungsstrategien zu sprechen. Trotzdem besteht vielleicht der intensive Wunsch nach einem nonverbalen Ausdruck. Von manchen Ängsten haben wir evtl. ein ganz konkretes Bild im Kopf. Verleihen wir diesen gestalterisch Ausdruck, erhalten unsere Gedanken vielleicht eine ganz andere Richtung. Vielleicht gewinnt man dieser Veränderung auch etwas Positives ab, das für die Angstverarbeitung wertvoll und hilfreich sein kann?

Für den Aufbau eines positiven Selbstwertgefühles und des Selbstvertrauens ist es wichtig, seine Stärken und Fähigkeiten zu erkennen und in erster Linie für sich selbst sichtbar zu machen. Auch die Selbstakzeptanz, das Annehmen der persönlichen Charaktereigenschaften, ist für den Aufbau eines gesunden Selbstbewusstseins wichtig. All das lässt sich auf kreativer, gestalterischer Ebene wunderbar umsetzen und zeigt den Kindern auf individuelle und bunte Weise, was und wie viel in ihnen steckt.

Die folgenden Impulse sollen nur als Anregung verstanden werden, welche natürlich ganz individuell an die Bedürfnisse der Kinder angepasst werden können. Lassen Sie sich gemeinsam kreativ inspirieren!

82 Sonnenkraftbild

Alter: 4–6 Jahre   **Gruppenstärke:** 3–4 Kinder

Das brauchen Sie: Sonnenbild, Schulmalfarbe, Pinsel, weißen Fotokarton oder Leinwandbild (ca. 30 × 30 cm), buntes Transparentpapier, Kleber, Schmuckutensilien (Federn, Mosaiksteine …), dünne Eddingstifte

Lernbereich: positives Denken, Kreativität

So geht es:

Jeden Tag geht die Sonne für uns auf. Und jeden Tag schenkt sie uns aufs Neue nicht nur Licht, sondern auch Wärme, Energie und Kraft. Und genau das brauchen Kinder, wenn sie sich ihren Ängsten stellen möchten. Mithilfe eines Sonnenkraftbildes können sich die Kinder diese Energie auch in ihr Zimmer oder in die Gruppe holen. Führen Sie vorab mit den Kindern ein Gespräch über die Sonne. Legen Sie dafür ein Sonnenbild in die Mitte und fragen Sie die Kinder nach der Aufgabe der Sonne. Was gibt uns die Sonne? Wie fühlt es sich an, wenn die Sonne für uns scheint? Wir verspüren ein warmes, angenehmes Gefühl. Und genau dieses angenehme Gefühl wollen wir uns mit einem selbst gestalteten Kraftbild auch in unsere Räume holen. Nach dem Gespräch gestaltet jedes Kind seine ganz persönliche Kraftsonne. Zunächst malen die Kinder in ihren gewünschten Farben die Kraftsonne auf Fotokarton oder Keilrahmen. Geben Sie den Kindern keine konkreten Vorgaben, wie ihre Sonne aussehen soll. Die Sonne muss nicht immer gelb sein. Jedes Kind entscheidet für sich über das Aussehen seiner Kraftsonne und dabei ist auch die individuelle Farbwahl von großer Bedeutung.

Stellen Sie den Kindern nach dem Trocknen das bunte Transparentpapier zur Verfügung. Daraus können die Kinder beispielsweise Sonnenstrahlen ausschneiden und über die aufgemalten, getrockneten Strahlen kleben. Vielleicht möchten die Kinder diese Strahlen mit Energiewörtern, wie beispielsweise Wärme, Licht, Zuversicht, Energie, Mut, beschriften lassen. Unterstützen Sie die Kinder dabei und wenn sie möchten, schreiben Sie die gewünschten Begriffe mit Eddingstift auf die Strahlen auf. Zuletzt kann die Kraftsonne noch mit ansprechenden Schmuckutensilien beklebt werden. Wurde die Sonne fertig gestaltet, suchen die Kinder einen geeigneten Platz für ihre Kraftsonne. Gewiss werden sie ganz viel Wärme, Energie und Mut über ihr Kraftbild erhalten.

83 Mut-drück-Mäxchen

Alter: 3–6 Jahre   **Gruppenstärke:** 1 Kind

Das brauchen Sie: Luftballons, Trichter, Mehl, Löffel, Eddingstifte, Wolle, Schere, Kleber

Lernbereich: Mut, Selbstvertrauen, kreativer Umgang mit Ängsten

So geht es:

Mit einem Mut-drück-Mäxchen können sich die Kinder im wahrsten Sinne des Wortes Mut herbeidrücken. Um dieses herzustellen, benötigt man einen Luftballon in beliebiger Farbe, einen Trichter und Mehl. Der Trichter wird zunächst in die Luftballonöffnung gesteckt und durch diesen wird der Ballon mit Mehl befüllt, so, dass der Ballon etwa der Faustgröße einer Kinderhand entspricht. Danach einen Knoten in die Ballonöffnung knüpfen. Die Kinder malen ihrem Mut-drück-Mäxchen mit Eddingstiften ein Gesicht auf. Wer möchte, kann aus Wolle noch Haare aufkleben. Schon ist dieser kostbare Begleiter einsatzbereit. Immer, wenn bei den Kindern ein Gefühl von Unsicherheit oder Angst aufkommt, nehmen sie einfach ihr Mut-drück-Mäxchen in die Hand und drücken sich ganz kräftig eine Portion Mut herbei. Mit diesem besonderen Mutmacher haben die Kinder etwas in der Hand, das ein beruhigendes und gleichzeitig sicheres Gefühl erzeugen kann.

84 Ängste auf Eis legen – ein kreatives Experiment

Alter: 4–6 Jahre   **Gruppenstärke:** 3–4 Kinder

Das brauchen Sie: Zettelchen, Fasermaler, Eiswürfelbereiter, Wasser, Gefrierschrank

Lernbereich: Ängste gelassener betrachten, Mut zum kreativen Umgang mit Ängsten

So geht es:

Nach einem Gespräch über Ängste und die damit verbundenen Gefühle können die Kinder auf kleineren Zetteln mit Fasermalern ihre Ängste aufmalen. Danach werden die Zettel fest geknüllt und in einen Eiswürfelbereiter gelegt. Anschließend gießen Sie gemeinsam mit den Kindern mit einem Kännchen Wasser in den Eiswürfelbereiter und stellen diesen anschließend in den Tiefkühlschrank. Nach einigen Stunden hat sich das

Wasser in Eis verwandelt und jedes Kind kann seinen Eiswürfel heraus-
nehmen und in ein Gefäß mit lauwarmem Wasser legen. Der gefrorene
Angstzettel fühlt sich eiskalt an – da muss ganz schön viel Angst darin sein,
die Schauerkälte kann man direkt spüren … Sieht man die Zettel im Eis gut?
Sind die aufgemalten Ängste darin noch zu sehen? Nachdem das Eis ge-
schmolzen ist, sehen die Kinder nach, ob auf ihren Zettelchen noch etwas
von der aufgemalten Angst zu erkennen ist. Bestimmt ist diese verblasst,
verschwommen oder ganz und gar verschwunden.

85 Lichtblicke

Alter: 5–6 Jahre   **Gruppenstärke:** 3–4 Kinder

Das brauchen Sie: große Einmachgläser, Acrylfarbe, bunte Schleifen, Schere,
selbstklebende weiße Beschriftungssticker, Fasermaler

Lernbereich: Entspannung, kreativer Umgang mit Ängsten

So geht es:

Mit einem leuchtenden Lichtblick-Licht kann man seine dunklen Angstge-
fühle etwas erhellen. Für dieses „Licht im Dunkeln" bemalen die Kinder ein
gut ausgespültes Glas an der Außenseite mit bunter Acrylfarbe. Die Kinder
bestimmen selbst über das Bild oder Muster und welche Farben sie gern
nehmen möchten. Nach dem Trocknen bereiten Sie auf den selbstkleben-
den Beschriftungsstickern den Schriftzug „Lichtblick von:" vor. Daneben
schreiben die Kinder ihren Namen auf und kleben den Sticker auf das Glas.
Wer möchte, kann rund um den oberen Rand des Glases eine bunte Schleife
verknoten. Zuletzt wird noch ein Teelicht in das Glas gestellt. Diese besonderen Lichter werden an einer gut sichtbaren Stelle im Gruppenraum
platziert. Wenn sich die Kinder nach einem Lichtblick sehnen, wird das
Teelicht darin gemeinsam entzündet. Beim Betrachten des flackernden
Kerzenlichtes können die Kinder pausieren, vielleicht auch ihre Sorgen oder
Anliegen, wenn es aktuelle gibt, mit jemanden besprechen und auf diese
Weise Lichtblicke erfahren.

86 Versteckmasken

Alter: 5–6 Jahre   **Gruppenstärke:** 3–4 Kinder

Das brauchen Sie: runde Pappteller, Schulmalfarbe, Schere, Kleber, Gummiband, Transparentpapier, bunter Fotokarton, Stoffreste, Wolle …

Lernbereich: kreativer Umgang mit Ängsten, Mut

So geht es:

Sprechen Sie vorab mit den Kindern über das Gefühl „Angst". Vielleicht gab es auch schon einmal Situationen, in denen sie sich vor lauter Angst am liebsten versteckt hätten. Danach machen sie sich an die Gestaltung einer Versteckmaske. Dabei unterstützen Sie die Kinder zunächst, aus einem runden Pappteller drei Kreise auszuschneiden, welche als Aussparung für die Nase und die Augen dienen. Als nächstes bemalen die Kinder ihre Versteck-maske bunt mit Schulmalfarbe. Nach dem Trocknen wird diese besondere Maske z. B. mit Stoffresten, Wollfäden, Fotokartonstücken oder anderen beliebigen Schmuckutensilien beklebt. Die Kinder entscheiden selbst, wie ihre Maske, die ihnen Sicherheit und Schutz bietet, aussehen soll. Zuletzt suchen die Kinder für die Augenaussparung buntes Transparentpapier aus, das sie auf der Rückseite der Maske rund um die Lücke der Augen auf-kleben. Setzt man nun die Maske auf, so kann man die Welt vielleicht in Rosa wahrnehmen und womöglich bekommt auch die Angst dadurch ein anderes, buntes Aussehen und verliert etwas von ihrem Schrecken.

87 Das Wünschebäumchen

Alter: 4–6 Jahre   **Gruppenstärke:** 5–6 Kinder

Das brauchen Sie: Pappkarton, Schulmalfarbe, Pinsel, grünes Tonpapier, Schere, Buntstifte, Patafix

Lernbereich: Mut, über Wünsche zu sprechen, kreativer Umgang mit Bedürfnissen und Wünschen

So geht es:

Um die Kinder zum Wünschen und Träumen zu ermutigen, stellen Sie gemeinsam mit ihnen einen Wünschebaum für die Gruppe her. Dazu skiz-zieren Sie auf Pappkarton einen möglichst großen Baum mit vielen Ästen. Diesen bemalen die Kinder mithilfe einer Schaumstoffrolle und brauner

Schulmalfarbe. Suchen Sie nach dem Trocknen einen geeigneten Platz im Gruppenraum, wo dieses Wünschebäumchen für jedes Kind gut zugänglich ist. Schneiden Sie mit den Kindern aus grünem Tonpapier etwas größere Blätter aus und legen Sie diese gemeinsam mit Buntstiften in die Nähe des Wünschebäumchens. Haben Kinder einen konkreten Wunsch oder ein Ziel vor Augen, kann dies durch ein aufgemaltes Symbol am Blatt festgehalten werden. Z. B. malt Max ein Fahrrad auf das Blatt auf. Er wünscht sich sehnlichst, ohne Stützen Fahrrad fahren zu lernen.

Nach dem Malen versieht das Kind sein Blatt auf der Rückseite mit Patafix und klebt es an einem Ast des Baumes auf. Die Kinder entscheiden selbst, wann der richtige Zeitpunkt für sie gekommen ist, um mit jemanden über ihre ganz persönlichen Wünsche, Ziele oder Träume zu sprechen. Wurde das Ziel oder der Wunsch auf dem Blatt erreicht, kann aus einem Stück Seidenpapier eine Blumenblüte zusammengeknüllt und diese auf dem Wunschblatt aufgeklebt werden. Auf diese Weise wird den Kindern das Erreichen von Zielen sichtbar gemacht.

(88) Ängste-Verschließbox

Alter: 4–6 Jahre   **Gruppenstärke:** 3–4 Kinder

Das brauchen Sie: Schuhkarton, Temperafarbe, Pinsel, Papier, Buntstifte oder Fasermaler

Lernbereich: kreativer Umgang mit Ängsten, gegenseitige Achtung und Wertschätzung

So geht es:

Manchmal kann oder möchte man über seine Ängste nicht sprechen, trotzdem hat man das Bedürfnis, sie vielleicht an einem Ort zu deponieren und somit ein Stück von sich fernzuhalten. Für solche Fälle kann eine Ängste-Verschließbox hilfreich sein, worin die Ängste verschlossen gesammelt werden. Dafür bemalen die Kinder einen Schuhkarton rundum an den Außenseiten bunt mit Temperafarbe. Zusätzlich können die Wände der besonderen Sammelbox noch mit Schmucksteinen oder Aufschriften wie „Angst ade!" verziert werden. Nun malen die Kinder ihre Ängste auf ein Papier. Vielleicht haben die Kinder irgendwann auch einmal das Bedürfnis, über ihre Angstbilder zu sprechen. Wenn nicht, kann allein die Tatsache, dass die Ängste weggeschlossen sind, sehr beruhigend sein.

89 So bin ich!

Alter: 4–6 Jahre   **Gruppenstärke:** 3–4 Kinder

Das brauchen Sie: Tonpapier, Bunt- oder Fasermaler, Schere, Kleber

Lernbereich: Selbstbewusstsein, Selbstachtung, Selbstakzeptanz, Kreativität

So geht es:

Die Kinder betrachten sich zunächst ganz genau im Spiegel. „Wie sehe ich aus? Was gefällt mir an mir besonders gut? Wie bin ich eigentlich?" Anschließend malen die Kinder auf einem weißen Blatt mit Schulmalfarben oder Fasermalern ein Bild von sich selbst auf. Nach dem Trocknen schneiden sie aus buntem Tonpapier Streifen zurecht, welche rund um das gemalte Portraitbild aufgeklebt werden. Auf diesem Rahmen halten Sie nun gemeinsam mit einem Kind jene Charaktereigenschaften schriftlich fest, die das Kind ausmachen, z. B. neugierig, schüchtern, laut, mutig, zurückhaltend, vorsichtig, abenteuerlustig, lustig …

Dieses Portrait können die Kinder an einem gut sichtbaren Platz zu Hause aufhängen und beim Betrachten werden sie auch an ihre Charaktereigenschaften erinnert und daran, dass jeder Mensch individuell ist. Und das ist gut so!

90 Der Mutstein

Alter: 4–6 Jahre   **Gruppenstärke:** 3–4 Kinder

Das brauchen Sie: Steine, Acrylfarbe, Glitterglue, Schmuckutensilien, Kleber

Lernbereich: Selbstvertrauen, Kreativität, Mut

So geht es:

Mit einem Mutstein kann man den Mut ganz fest in seinen Händen halten. Dazu suchen sich die Kinder bei einem Spaziergang oder im Garten einen Stein aus, der ihnen besonders gefällt. Danach wird der Stein gewaschen und wer möchte, kann diesen mit Acrylfarbe bemalen und mit Glitterglue oder aufgeklebten Schmucksteinen verzieren. Dieser besondere Mutstein kommt dann wunderbar zum Einsatz, wenn die Kinder unsicher oder ängstlich sind. Bestimmt kann so ein besonderer Stein in ihrer Hand helfen, Mut aufzubringen, mit Herausforderungen oder Ängsten positiv umzugehen.

91 Mein Schutzengel

Alter: 4–6 Jahre   **Gruppenstärke:** 3–4 Kinder

Das brauchen Sie: Salzteig oder selbsttrocknende Modelliermasse, Acrylfarben, Schmuckelemente, Kleber

Lernbereich: kreativer Umgang mit Ängsten, Kreativität, Selbstbewusstsein

So geht es:

Ein Schutzengel hat, wie der Name bereits verrät, eine beruhigende, beschützende Wirkung auf uns. Ist solch ein Beschützer in unserer Nähe, fühlen wir uns gleich wohler und sicherer. Da jeder eine ganz individuelle Vorstellung von diesem himmlischen Schutzwesen hat, gestalten die Kinder dieses selbst. Dafür kann eine selbsttrocknende Modelliermasse oder eine Salzteigmasse verwendet werden. Die Kinder formen aus einem beliebig großen Stück ihren Schutzengel ganz nach ihren Vorstellungen. Haben die Kinder ihren Engel in die gewünschte Form gebracht, muss dieser etwa 48 Stunden trocknen. Danach kann er noch nach Belieben mit Acrylfarbe bemalt und/oder mit aufgeklebten Schmuckelementen verziert werden.

92 Traumfänger

Alter: 4–6 Jahre   **Gruppenstärke:** 3–4 Kinder

Das brauchen Sie: Drahtkleiderbügel, Wolle, bunte Federn, Holzperlen

Lernbereich: Kreativität, kreativer Umgang mit Ängsten, Mut

So geht es:

Ein Traumfänger ist ein indianisches Kultobjekt, das die guten Träume durch ein Netz filtert und die schlechten gefangen hält. So ein Traumfänger lässt sich mit wenigen Handgriffen herstellen. Zunächst wird ein Drahtkleiderbügel in eine möglichst runde Form gebracht. Danach suchen sich die Kinder aus mehreren bunten Wollknäueln eine Farbe aus, die ihnen gut gefällt. Nun wird der Wollfaden zunächst an einer Stelle des Kleiderhakens festgeknotet und danach recht straff kreuz und quer über den runden Drahtkreis gespannt, so, dass letztendlich ein dichtes Netz entsteht. Das Ende der Wolle wird ebenfalls an einer Stelle am Drahtkreis verknotet. Danach können die Kinder ihren Traumfänger noch mit Federn schmücken, indem sie diese einfach durch das Netzgeflecht stecken. Wer möchte, kann auch noch besonders schöne Holzperlen auf einem Wollfaden auffädeln und ebenfalls im Netz des Traumfängers verknoten. Hängt man diesen besonderen Traumfänger in der Nähe des Bettes auf, sind ein guter Schlaf und schöne Träume garantiert!

93 Insel der Ruhe

Alter: 4–6 Jahre   **Gruppenstärke:** 3–4 Kinder

Das brauchen Sie: Reise-Prospekte, Schere, buntes Tonpapier DIN A4, Muscheln, Kleber, Sand

Lernbereich: Strategien zur Angstbewältigung, Mut, Entspannung

So geht es:

Es gibt Situationen im Leben, da würde man sich am liebsten wegbeamen und an einen Ort der Ruhe flüchten. Real lässt sich das leider oft nicht sofort umsetzen, aber über eine Gedankenreise, mithilfe eines „Insel der Ruhe-Bildes" kann man auf diese Weise ein Stück Entspannung für sich herbeirufen. Damit die Kinder so ein Bild herstellen können, brauchen sie zunächst eine große Auswahl an Reise-Prospekten. Daraus suchen sie jene Urlaubsabbildung aus, die ihnen besonders gut gefällt. Haben sie ein Bild gefunden, wird dieses ausgeschnitten und auf ein beliebig farbiges Tonpapier geklebt. Anschließend können die Kinder ihr Entspannungs- und Ruhebild rundum beispielsweise noch mit aufgeklebten Muscheln oder mit aufgestreutem Sand auf Klebespuren verzieren. Mit diesem Entspannungsbild fällt es den Kindern in Zeiten der Hektik und Unruhe bestimmt leichter, sich gedanklich auf Fantasiereise auf ihre „Insel der Ruhe" zu begeben.

94 Mein Schutzschild

Alter: 4–6 Jahre   **Gruppenstärke:** 3–4 Kinder

Das brauchen Sie: Karton, Cutter, Schulmalfarbe, Pinsel, Gummiband, Prickelnadel

Lernbereich: Strategien zur Angstbewältigung, Mut, Selbstbewusstsein

So geht es:

Ritter brauchten im Mittelalter im Kampf einen Schutzschild, um Feinde und Angreifer abzuwehren. Doch so ein Schutzschild kann auch hilfreich sein, wenn man Ängste von sich fern halten möchten. Für die Herstellung eines Schutzschildes benötigt man stärkeren Karton. Zeigen Sie den Kindern zunächst unterschiedliche Muster von Schutzschildern (zum Beispiel aus Büchern oder dem Internet). Haben sich die Kinder eine Form für ihren Schild überlegt, wird diese großzügig (Größe etwa 60×30 cm) auf dem Karton skizziert und mithilfe eines Cutters ausgeschnitten. Dieser Arbeitsschritt sollte auf jeden Fall von der Erzieherin übernommen werden.

Danach machen sich die Kinder an die Gestaltung ihres Schutzschildes. Vielleicht soll darauf ein beschützender Drache aufgemalt werden oder ein Löwe … Als nächstes bemalen die Kinder ihren Schild mit Schulmalfarbe bunt. Nach dem Trocknen wird an den beiden Längsseiten des Schildes am Rand des oberen und unteren Endes mit einer Prickelnadel ein Loch gebohrt und zwei Gummibänder parallel darin verknotet. Schon kann das Schild in Gefahrensituationen oder bei Ängsten zum Einsatz kommen und gewiss fühlen sich die Kinder damit sicherer.

95 Ängste übermalen

Alter: 4–6 Jahre   **Gruppenstärke:** 3–4 Kinder

Das brauchen Sie: Papier, Wachsmalkreiden, schwarze Fingerfarbe oder Tinte, Zahnstocher, Gabel, Pinsel

Lernbereich: Strategien zur Angstbewältigung, Mut, Selbstbewusstsein

So geht es:

Die Kinder geben mit Wachsmalkreiden auf weißem Papier ihren Ängsten einen individuellen, gestalterischen Ausdruck. Haben sie großflächige, bunte Abbildungen von ihren Angsterregern gemacht, so werden diese im Anschluss übermalt. Dafür verwenden die Kinder schwarze Schulmalfarbe oder Tinte. Ist das ganze Papier schwarz bemalt, passiert der Verwandlungseffekt: Nun kratzen die Kinder mithilfe von Zahnstochern oder einer Gabel Muster oder Symbole in die schwarze Fläche, die etwas Positives ausstrahlen. Zum Beispiel eine Blume, ein Herz, eine Sonne … Im Handumdrehen hat man dem Angstbild einen positiven und freundlichen Charakter verliehen und diese Verwandlung am Bild können die Kinder vielleicht auch mit in ihren Gedanken tragen.

96 Notfallbox bei Angstzuständen

Alter: 4–6 Jahre   **Gruppenstärke:** 3–4 Kinder

Das brauchen Sie: Schuhkarton mit Deckel, Acrylfarbe, Pinsel, Papier, Buntstifte

Lernbereich: kreativer Umgang mit Ängsten, Bewältigungsstrategien kennenlernen, Mut

So geht es:

Wenn man Angst hat, fühlt man sich sehr unwohl. Für solche Fälle ist eine Notfallbox gegen Angstzustände hilfreich. Dafür bemalen die Kinder einen Schuhkarton mit Deckel an den Außenseiten ganz nach Belieben mit Acrylfarbe. Als nächstes wird überlegt, mit welchem hilfreichen Inhalt diese Schachtel bestückt werden könnte. Was braucht man, wenn man verängstigt ist? Jedem wird mit Sicherheit etwas anderes helfen. Vielleicht ist es für manche Kinder hilfreich, einen Zuhörer an ihrer Seite zu haben, der sie mit ihrem Kummer und den Ängsten ernst nimmt und ihnen zuhört. Dafür malen die Kinder eine Symbolkarte mit der Abbildung eines Menschen und kreisen das Ohr mit einer leuchtenden Farbe ein. Diese Karte wird anschließend in der Notfallbox aufbewahrt. Ein anderes möchte vielleicht in den Arm genommen werden. Auch das lässt sich auf einer Symbolkarte abbilden. Vielleicht hilft auch ein Kuscheltuch, in das man sich bei Angstzuständen schmiegen kann … Es ist wichtig, dass sich die Kinder dazu selbst Gedanken machen, was ihnen in angstbesetzten Situationen helfen kann, denn das ist ein sehr wertvoller Schritt, um Ängste selbst zu bewältigen. Wurde die Notfallbox ausreichend bestückt, dann suchen Sie gemeinsam mit den Kindern einen geeigneten Platz im Gruppenraum. Und bestimmt kann diese Notfallbox mit dem kostbaren Inhalt einem verängstigten Kind bei Bedarf helfen.

97 Mein Stärken-Buch

Alter: 4–6 Jahre   **Gruppenstärke:** 3–4 Kinder

Das brauchen Sie: DIN A4-Blätter, Buntstifte, Fotos der Kinder, Wollfaden

Lernbereich: Selbstvertrauen, Mut, Kreativität, Selbstbewusstsein

So geht es:

Damit sich die Kinder bildlich vor Augen führen können, was sie schon alles schaffen und welche Fähigkeiten sie haben, gestalten sie ein „Stärken-Buch". Zunächst werden mehrere weiße Blätter der Breite nach zur Mitte gefaltet und ineinander gelegt. Damit diese zusammenhalten, einfach einen Wollfaden um die Faltstelle legen und die Enden verknoten. Schon ist das Büchlein für die Gestaltung bereit. Als Deckblatt können die Kinder sich selbst aufmalen oder ein Foto von sich aufkleben. Der Schriftzug „Mein Stärken-Buch" kommt ebenfalls aufs Deckblatt. Danach überlegen die Kinder, was sie besonders gut können und worin ihre Stärken liegen. Als nächstes verleihen die Kinder ihren Stärken einen gestalterischen Ausdruck und malen diese in ihr Stärken-Buch. Auch Fotos können eingeklebt werden. Bestimmt werden sich die Kinder ihr Büchlein immer wieder gern ansehen. Vielleicht wollen sich die Kinder damit im Morgenkreis auch einmal gegenseitig ihre Stärken vorstellen.

98 Mit beiden Beinen im Leben stehen

Alter: 4–6 Jahre   **Gruppenstärke:** 3–4 Kinder

Das brauchen Sie: Schuhkartondeckel, Sand-Kleistermischung, Acrylfarbe, Pinsel

Lernbereich: Mut, Selbstvertrauen, Selbstbewusstsein

So geht es:

Damit die Kinder fühlen können, wie es ist, mit beiden Beinen im Leben zu stehen, können sie einen Abdruck ihrer Füße machen. Dafür wird vorab eine Sand-Kleistermischung recht grobkörnig vorbereitet und damit ein Deckel eines Schuhkartons nahezu randvoll befüllt. Die Kinder steigen nun mit ihren bloßen Füßen in den Deckel und hinterlassen so einen Abdruck. Danach steigen sie vorsichtig wieder heraus und lassen den Deckel mit der Sand-Kleistermischung ca. 48 Stunden trocknen. Wer möchte, kann die getrockneten Fußabdrücke mit Acrylfarbe bemalen. Eine Aufschrift wie z. B. „Ich stehe mit beiden Beinen im Leben!" kann am Rand des Deckels aufgeklebt werden. Immer dann, wenn die Kinder eine Portion Selbstbewusstsein oder Mut nötig haben, können sie barfuß in ihren Abdruck steigen und sich daran erinnern und fühlen, wie sehr sie mit beiden Beinen im Leben stehen können.

99 Kooperative Überraschungsmalerei

Alter: 5–6 Jahre   **Gruppenstärke:** 3–4 Kinder

Das brauchen Sie: Fingerfarbe, Glasscheibe

Lernbereich: gegenseitiges Vertrauen, Beobachtung, Kreativität, Auge-Hand-Koordination

So geht es:

Die Kinder stehen sich nun so gegenüber, dass die Glasscheibe zwischen ihnen ist. Jedem Kind wird in Bechern dieselbe Fingerfarbe angeboten. Nun wird ein Kind als Vorzeichner bestimmt, welcher sich ein Symbol überlegt und dieses auf der Glasscheibe aufmalt. Da es sich bei dem Spiel um ein kooperatives Überraschungsmalen handelt, zeigt der Vorzeichner seinem Malpartner hinter der Scheibe zunächst, welche Farbe verwendet wird. Nun tauchen beide Kinder ihre Finger in die gewünschte Farbe ein und versuchen möglichst synchron das vom Vorzeichner gewünschte Symbol aufzumalen. Diese Übung verlangt von den Kindern genaue Beobachtung, gegenseitige Rücksichtnahme und Einfühlungsvermögen, denn das Tempo muss so abgestimmt sein, dass die Kinder parallel malen können.

Literatur, Links, Autorenbiografie

Literatur

Dreier, I./Dreier, O. (2010): Mut zur Angst: Erste Hilfe – nicht nur für Kinder und Eltern. Verlag Books On Demand, Norderstedt

Römer, F. (2014): Kinder dürfen Ängste haben – Wie Eltern Mut machen und Selbstvertrauen stärken. Kizz, Verlag Herder, Freiburg im Breisgau

Rogge, J.-U. (2011): Ängste machen Kinder stark. Rowohlt Taschenbuch Verlag, Reinbek bei Hamburg

Schneider, S. (2002): Das Stark-mach-Buch – Wie Kinder selbstbewusst und selbstsicher werden. Christophorus im Verlag Herder, Freiburg im Breisgau

Zimmer, R. (2001): Was Kinder stark macht – Fähigkeiten wecken, Entwicklung fördern. Verlag Herder, Freiburg

Links

http://de.Wikipedia.org./wiki/Angst

http://de.Wikipedia.org./wiki/Furcht

http://de.Wikipedia.org./wiki/Phobien

http://de.Wikipedia.org./wiki/Schüchternheit

http://de.Wikipedia.org./wiki/Angststörung

Autorenbiografie

Katrin Weitzer ist ausgebildete Kleinkindpädagogin, Horterzieherin, Montessoripädagogin und integrative Lerntherapeutin. Neben ihrer Arbeit im Kindergarten ist sie als Referentin in der Weiterbildung für Kleinkind-pädagoginnen und -pädagogen und als freie Autorin tätig.

Ganz entspannt

Bewegungsideen aus der Reihe *Kita-Praxis – einfach machen*

KITA-PRAXIS
einfach machen!

Silke Hubrig

Aktive Entspannungsideen für 3- bis 6-Jährige

Spiele, Massagen, Konzentrations-
übungen und Fantasiegeschichten
zum Mitmachen

Aktiv entspannen? Wie kann das funktionieren?
Mit diesen vielfältigen Ideen für eine erlebnisorien-
tierte Entspannung: Besinnliche und turbulente
Spiele, die dem natürlichen Bewegungsbedürfnis
der Kinder gerecht werden, stehen im Wechsel mit
Massage-, Wahrnehmungs- und Atemübungen
sowie lustigen Mitmachgeschichten. Alle Ideen sind
ohne Vorbereitungsaufwand sofort umsetzbar.
So gelingt Entspannung im Kita-Alltag für alle Kinder.

**Aktive Entspannungsideen
für 3- bis 6-Jährige**
80 S., kartoniert
978-**3-589-15015-1**

www.cornelsen.de/fruehe-kindheit